CONTREPOINT

L'ART CONTEMPORAIN RUSSE, DE L'ICÔNE À L'AVANT-GARDE EN PASSANT PAR LE MUSÉE

КОНТРАПУНКТ

Современное русское искусство: от иконы к авангарду через музей

L'EXPOSITION ET LE CATALOGUE ONT ÉTÉ RÉALISÉS PAR LE MUSÉE DU LOUVRE
EN COORGANISATION AVEC LE NATIONAL CENTRE FOR CONTEMPORARY ARTS (NCCA), MOSCOU, RUSSIE,
ET LA STELLA ART FOUNDATION.

Vue de l'exposition avec l'œuvre
d'Erik Boulatov, *Liberté*

Картина Эрика Булатова
«*Liberté*» в экспозиции Лувра

La promotion des plus grands artistes russes contemporains étant une des missions fondamentales de la Stella Art Foundation, c'est tout naturellement et avec joie qu'elle coorganise «Contrepoint, l'art contemporain russe» au musée du Louvre, avec la conservatrice Marie-Laure Bernadac. Certains des artistes présents dans cette exposition sont suivis depuis de nombreuses années par la fondation, qui n'a eu de cesse de les soutenir. De 2004 à 2010, la Stella Art Foundation a organisé plusieurs expositions d'art contemporain, dont notamment une importante rétrospective consacrée à Vadim Zakharov, à la Galerie nationale Tretiakov en 2006, ainsi que «The Happiness Zone» en 2005, dédiée à l'œuvre d'Olga Chernysheva au Musée russe de Saint-Pétersbourg. Organisée en 2004, la première rétrospective en Russie d'Emilia et Ilya Kabakov au musée de l'Ermitage, «Incident in the Museum and Other Installations», marque le retour des deux artistes dans leur pays après une longue absence. Également soutenus par la fondation et exposés à plusieurs reprises dans ses espaces, les artistes Elena Elagina et Igor Makarevich présentaient l'exposition «In situ» en 2009 au Kunsthistorisches Museum de Vienne, qui proposait un véritable dialogue entre les œuvres de maîtres et celles des conceptualistes moscovites. Vienne encore, suivie de Venise, avait également accueilli les travaux de Yuri Albert et d'Andrei Monastyrsky, que l'on pouvait admirer au Kunsthistorisches Museum en 2008 puis à la Ca'Rezzonico en 2009. Cette année, le nouveau projet de Dmitry Gutov devrait être inauguré dans les espaces de la fondation. Aujourd'hui, la Stella Art Foundation concentre ses espoirs sur «Contrepoint, l'art contemporain russe», une exposition réunissant les œuvres d'une vingtaine d'artistes de toutes générations et courants artistiques, témoignant de deux ambitions : permettre de porter un regard neuf sur le travail des artistes russes et donner un nouvel élan au développement de l'art russe contemporain. ⅉ

ↄ *Stella Kesaeva*, Présidente de la Stella Art Foundation

Я рада, что Stella Art Foundation выступает соорганизатором выставки «Русский контрапункт», ведь данный проект является продолжением всей предыдущей деятельности Фонда. Одна из основных задач Stella Art Foundation – презентация современного русского искусства на самом высоком уровне. Со многими художниками – участниками выставки Фонд давно сотрудничает. В 2004 году в Государственном Эрмитаже прошла выставка Ильи и Эмилии Кабаковых «Случай в музее» и другие инсталляции» – первый проект, показанный в России после эмиграции художников. Выставка московских концептуалистов Елены Елагиной и Игоря Макаревича In Situ, организованная Stella Art Foundation, в 2009 году с успехом прошла в Музее Истории искусств, Вена. Выставки Юрия Альберта и Андрея Монастырского не один раз проходили в залах Фонда в Москве, а их работы были представлены в рамках показа коллекции Stella Art Foundation в Музее Истории искусств, Вена, в 2008 году и Ca' Rezzonico, Венеция, в 2009 году. В 2005 году Фонд организовал выставку Ольги Чернышевой «Зона счастья» в Государственном Русском музее, Санкт-Петербург, а в 2006 году – крупномасштабную ретроспективу Вадима Захарова в Государственной Третьяковской галерее. Новый проект Дмитрия Гутова мы планируем открыть в своих залах в Москве в конце этого года. Надеюсь, что выставка в Лувре, созданная куратором Мари-Лор Бернадак, послужит новым толчком в развитии российского современного искусства и вызовет интерес у самой широкой публики. ⅉ

ↄ *Стелла Кесаева*, Президент Stella Art Foundation

Sommaire
Содержание

Préface Предисловие 7
ᦙ Henri Loyrette ᦙ *Анри Луарет*

Introduction Предисловие 8
ᦙ Mikhail Mindlin ᦙ *Михаил Миндлин*

Ruines et utopies : parcours labyrinthique
dans le Louvre médiéval…
Руины и утопии: сквозь лабиринт
средневекового Лувра… 14
ᦙ Marie-Laure Bernadac ᦙ *Мари-Лор Бернадак*

De l'underground russe au sous-sol du Louvre
Из русского подполья
во французское подземелье 18
ᦙ Irina Gorlova ᦙ *Ирина Горлова*

LES ARTISTES ХУДОЖНИКИ

AES + F GROUP 24
ᦙ Pauline Guelaud ᦙ *Полин Гело*

YURI ALBERT 26
ᦙ Emmanuelle Lequeux ᦙ *Эммануэль Лекё*

BLUE NOSES GROUP 28
ᦙ Héloïse Cullet-Quéré ᦙ *Элоиз Кюле-Кере*

ERIK BOULATOV 30
ᦙ Pauline Guelaud ᦙ *Полин Гело*

ALEXANDER BRODSKY 34
ᦙ Emmanuelle Lequeux ᦙ *Эммануэль Лекё*

OLGA CHERNYSHEVA 36
ᦙ Pauline Guelaud ᦙ *Полин Гело*

DUBOSSARSKY & VINOGRADOV 38
ᦙ Emmanuelle Lequeux ᦙ *Эммануэль Лекё*

DMITRY GUTOV 40
ᦙ Camille Bouvet ᦙ *Камиль Буве*

ILYA & EMILIA KABAKOV 42
ᦙ Marie-Laure Bernadac ᦙ *Мари-Лор Бернадак*

ALEXEI KALLIMA 46
ᦙ Marie-Laure Bernadac ᦙ *Мари-Лор Бернадак*

KOMAR & MELAMID 48
ᦙ Marie-Laure Bernadac ᦙ *Мари-Лор Бернадак*

VALERY KOSHLYAKOV 50
ᦙ Pauline Guelaud ᦙ *Полин Гело*

YURI LEIDERMAN 54
ᦙ Pauline Guelaud ᦙ *Полин Гело*

DIANA MACHULINA 56
ᦙ Camille Bouvet ᦙ *Камиль Буве*

IGOR MAKAREVICH & ELENA ELAGINA 58
ᦙ Pauline Guelaud ᦙ *Полин Гело*

ANDREI MONASTYRSKY / ACTIONS COLLECTIVES 62
ᦙ Camille Bouvet ᦙ *Камиль Буве*

PAVEL PEPPERSTEIN 64
ᦙ Pauline Guelaud ᦙ *Полин Гело*

AVDEI TER-OGANIAN 68
ᦙ Stanislas Colodiet ᦙ *Станислас Колодье*

VADIM ZAKHAROV 70
ᦙ Pauline Guelaud ᦙ *Полин Гело*

Textes d'intention des artistes
Тексты художников 74

Liste des œuvres Список произведений 78

MUSÉE
DU
LOUVRE

Du 13 octobre au 18 octobre 2010,
le musée du Louvre ouvre une
minute plus tôt, conformément à
la demande de l'artiste Yuri Albert.

From October 13 to October 18,
2010, the Louvre Museum will open
one minute earlier than usual,
at the request of artist Yuri Albert.

С 13 по 18 октября 2010 года
Лувр откроется на одну минуту
раньше, чем обычно, по
предложению художника Юрия
Альберта

Préface
Предисловие

✎ *Henri Loyrette,* Président-directeur du musée du Louvre
✎ *Анри Луарет,* Президент-директор Лувра

À l'occasion de l'année France-Russie et pour répondre à l'exposition «Sainte Russie, l'art russe des origines à Pierre le Grand», le musée du Louvre a souhaité rendre compte de la Russie du présent en montrant une sélection de la création contemporaine russe, encore mal connue en France. L'exposition, qui présente 19 artistes de générations différentes, se déroule dans la salle de la Maquette et les fossés du Louvre médiéval, cette forteresse du xiiᵉ siècle mise au jour par les travaux du Grand Louvre et qui témoigne de l'histoire passée du musée, lorsqu'il était encore château royal. Ce quatrième «Contrepoint», qui s'inscrit dans la politique d'art contemporain du musée du Louvre, présente un caractère particulier; non seulement parce que les œuvres sont présentées dans un espace architectural singulier, et non au sein des collections, mais aussi en raison du fait que l'aire géographique de la Russie, qu'il s'agisse du passé ou du présent, a longtemps été négligée par le musée, qui ne dispose pas véritablement de collection dans ce domaine. C'est donc l'occasion de découvrir, afin de mieux la comprendre, l'évolution artistique de ce grand pays «de l'icône à l'avant-garde, en passant par le musée». Je remercie donc vivement Cultures-France, le National Centre for Contemporary Arts (NCCA), Moscou, Russie et la Stella Art Foundation, qui ont uni leurs efforts et leurs compétences pour nous permettre de réaliser cet ambitieux projet, qui permettra au visiteur de se familiariser avec les artistes pionniers de ce renouveau de l'art russe, comme Ilya Kabakov, Erik Boulatov, Igor Makarevich, mais également avec les artistes des années 1990, issus de la chute de l'URSS et dont les œuvres proposent une relecture ironique et critique de l'espace iconique ou de l'avant-garde suprématiste, tout en soulignant le caractère nécessairement utopique de la création artistique. ✎

В рамках года Франция–Россия и в продолжение выставки «Святая Русь. Русское искусство с древнейших времен до эпохи Петра I», Лувр решил представить Россию современную, через искусство, еще недостаточно известное во Франции. Произведения 19-ти художников разных поколений выставлены в Зале макета и во рвах Средневекового Лувра, крепости XII века, в пространстве, которое было выявлено благодаря археологическим раскопкам в рамках проекта «Большой Лувр» и является свидетельством древнейшей истории музея, бывшего королевским замком. Этот четвертый «Контрапункт», продолжающий практику Лувра по организации выставок современных художников в залах музея, носит исключительный характер. Не только потому, что произведения представлены не внутри постоянной экспозиции, а в отдельном, уникальном архитектурном пространстве, но также в силу того, что Россия, как прошедших эпох, так и настоящего времени, долгое время находилась вне поля зрения музея, который не располагает коллекцией русского искусства. Выставка не просто открывает для французского зрителя современное искусство России, но и позволяет лучше понять художественную эволюцию этой великой страны «от иконы к авангарду через музей». Мы выражаем глубокую благодарность CulturesFrance, Государственному центру современного искусства (ГЦСИ), Россия и Stella Art Foundation, объединившим свои усилия для осуществления этого масштабного амбициозного проекта. Выставка знакомит зрителя с пионерами нового русского искусства, такими как Илья Кабаков, Эрик Булатов, Игорь Макаревич, а также с художниками переломной эпохи 1990-х годов, произведения которых предлагают ироническую и критическую интерпретацию канонического пространства иконы и авангарда, подчеркивая утопический характер художественного творчества. ✎

Introduction
Предисловие

   Mikhail Mindlin, directeur général du National Centre for Contemporary Arts (NCCA), Moscou
   Михаил Миндлин, Генеральный директор Государственного центра современного искусства (ГЦСИ), Москва

L'art contemporain russe fait son apparition en URSS dans la seconde moitié des années 1950. Par convention, on distingue deux périodes : avant 1988 et après. Durant la première période, l'art contemporain existe en URSS — pour les raisons politiques et socioculturelles qu'on connaît — sous la forme d'art alternatif ou non officiel (il existe d'autres termes : art non-conformiste, art interdit, art underground, etc.). La machine idéologique officielle de l'Union soviétique fait alors obstacle par tous les moyens à la manifestation de ce mouvement artistique. Les représentants de l'élite créatrice qui aspirent à la liberté d'expression sont privés non seulement de scène publique mais également de moyens d'existence. Le problème majeur est toutefois la privation d'informations délibérément orchestrée. Il n'est possible de savoir ce qui se passe dans l'art contemporain du monde libre que grâce à des exemplaires imprimés uniques qui parviennent rarement à franchir les frontières soviétiques et qui circulent d'ami en ami. Malgré tout, le jeune art russe parvient à percer l'épais blindage idéologique, comme une herbe poussant à travers l'asphalte. Tout compte fait, l'art contemporain soviétique reste jusqu'aux années 1990 un phénomène marginal, hermétique, nourri par des bribes d'informations sur l'art contemporain occidental ainsi que par la grande tradition de l'avant-garde russe du début du xxᵉ siècle, et marqué par l'esthétique morose de l'environnement social. Les tendances fondamentales de l'art contemporain mondial telles que le pop art, le minimalisme, le conceptualisme, etc., adaptées au contexte local, se transforment en prenant une teinte régionale et sociale. C'est dans ces circonstances qu'apparaissent dans les années 1970 des mouvements très importants pour l'histoire de l'art russe tels que le Sots Art et le conceptualisme moscovite.

Dans la seconde moitié des années 1980, avec l'arrivée au pouvoir de Mikhaïl Gorbatchev, l'URSS se lance dans des essais de réforme démocratique de la structure et de l'idéologie gouvernementales, alors en stagnation, qui influencent

Современное искусство, появившееся в СССР во второй половине 1950-х годов, условно можно разделить на два периода: до 1988 года и после него. Со второй половины 1950-х и до 1988 года современное искусство существовало в СССР – в силу известных политических и социо-культурных причин – в качестве альтернативного, или неофициального, искусства (существуют и другие термины – нонконформистское искусство, запрещенное искусство, искусство андеграунда и прочее). Официальная идеологическая машина Советского Союза всячески препятствовала любым проявлениям такого рода искусства. Представители творческой элиты, стремившиеся к свободе авторского высказывания, лишались не только публичной сцены, но и средств к существованию. Но самой значительной проблемой был тщательно создаваемый информационный голод. Узнавать о том, что происходит в современном искусстве свободного мира, можно было из единичных номеров художественных журналов, изредка провозимых через советскую границу друзьями-иностранцами. Однако молодое российское искусство все равно пробивалось сквозь трещины в толще идеологической брони, как трава прорастает сквозь асфальт. В итоге советское современное искусство вплоть до 1990-х годов было замкнутым, маргинальным явлением, ориентирующимся на обрывки случайной информации о западном современном искусстве и великих традициях русского авангарда начала XX века. При этом образность новейших течений неизбежно менялась, сплавляясь с унылой эстетикой окружающей социальной среды. Основные тенденции мирового современного искусства, такие как поп-арт, минимализм, концептуализм и другие, адаптированные местным контекстом, мутировали, приобретая региональную, социальную окраску. На этой почве в 1970-е годы возникли такие важные для истории российской культуры явления, как соц-арт и московский концептуализм.

Во второй половине 1980-х годов с приходом к власти М.С. Горбачева в СССР начали предприниматься попытки демократического реформирования стагнирующей государственной структуры и идеологии, которые неизбежно оказывали пагубное влияние и на культуру. В 1988 году с согласия и при участии властей в Москве был проведен организованный Sotheby's аукцион современного советского искусства, который, по мнению ряда исследователей,

inexorablement la culture. En 1988, avec l'assentiment et la participation des autorités moscovites, Sotheby organise une vente aux enchères d'art contemporain soviétique qui, selon l'avis de bon nombre d'experts, met d'une part définitivement fin au concept d'«art non officiel», et d'autre part stimule un fort engouement pour l'art contemporain russe. De nombreux spécialistes déferlent alors dans le pays. Les artistes reçoivent toutes sortes de propositions de participation à des projets culturels occidentaux, commerciaux ou non. Plusieurs artistes contemporains commencent à voyager au-delà des frontières de l'URSS. À Moscou, dans un des lieux d'exposition majeurs du pays, la Maison Centrale des Artistes, une série d'expositions présente les plus grands noms de l'art contemporain mondial. Le pays cesse de vivre dans des conditions d'isolement total et l'art contemporain russe commence à s'intégrer au contexte culturel international. À cette époque émergent un ensemble de jeunes créateurs prometteurs et des groupes d'artistes : Actions collectives, Amanite, Inspection herméneutique médicale, Jardin d'enfants, Champions du monde, etc. Des groupements créatifs et des squats d'artistes actifs dans le domaine de l'art contemporain apparaissent : la Société Ermitage, le Club des avant-gardistes (KLAVA) et les ateliers d'artistes des maisons de la ruelle Fourmanny et de la Fontanka à Leningrad. Un nouveau groupe de jeunes architectes talentueux, appelés les «architectes de papier» (des créateurs de projets uniques, parfois fantastiques, existant seulement sur le papier), reçoivent des prix et des récompenses dans des expositions internationales prestigieuses.

En parallèle, l'art contemporain russe dans son ensemble, abstraction faite de certains créateurs, demeure jusqu'alors peu marquant dans le contexte de l'évolution artistique mondiale. Il n'est pas étonnant que la vague d'intérêt qu'il suscite parmi l'élite créatrice internationale retombe dès le début des années 1990. La situation économique se dégrade sérieusement et le marché de l'art contemporain naissant cesse pratiquement d'exister. De nombreux artistes talentueux sont contraints

окончательно положил конец понятию «неофициальное искусство», с одной стороны, а с другой – подстегнул мощную волну интереса к российскому современному искусству. В страну хлынул поток разного рода специалистов в области contemporary art. На художников посыпались предложения участвовать в западных – коммерческих и некоммерческих – культурных проектах. Многие представители современного искусства стали регулярно выезжать за пределы СССР. В Москве, на одной из основных выставочных площадок страны, в Центральном доме художников, прошла серия выставок крупнейших представителей мирового современного искусства. Страна перестала существовать в условиях тотальной изоляции. Началась эра интеграции современного российского искусства в международный культурный контекст. К этому времени сформировался ряд молодых, перспективных авторов и художественных групп, таких как «Коллективные действия», «Мухомор», Инспекция «Медицинская герменевтика», «Детский сад», «Чемпионы мира» и другие. Возникли творческие объединения и сквоты художников, работавших в области современного искусства – Общество «Эрмитаж», «Клуб авангардистов» (КЛАВА), художественные мастерские в домах в Фурманном переулке в Москве и на Фонтанке в Ленинграде. Появилась группа молодых талантливых архитекторов, объединенных термином «бумажные архитекторы» (создатели уникальных, иногда фантастических проектов, существующих только на бумаге), которые стали получать премии и призы на престижных международных выставках. Между тем, российское современное искусство в целом, за исключением отдельных его представителей, вплоть до 1990-х годов продолжало оставаться малозначимым в контексте мирового художественного процесса. Не удивительно, что волна интереса к нему со стороны международной профессиональной элиты схлынула уже к началу 1990-х. Весьма серьезно осложнилась экономическая ситуация. Зарождающийся рынок современного искусства практически перестал существовать. Многие талантливые представители современного искусства были вынуждены уйти в другие, более экономически устойчивые сферы деятельности или уехать из страны. Но появившиеся лакуны были быстро заполнены новыми «героями». Многие были выходцами из регионов России и бывшего СССР. Стали возникать новые сквоты художников – дома

d'exercer des activités plus rentables ou de quitter le pays. Mais comme chacun sait, la nature a horreur du vide, et les places libres sont rapidement occupées par de nouveaux «héros». Des artistes actifs dans le domaine de l'art contemporain et issus des régions russes et de l'ex-URSS font leur apparition. De nouveaux squats – dans les maisons de la ruelle Trekhproudny et sur le boulevard Tchistoproudny - , et de nouveaux groupes voient le jour : Art or Death, le Mouvement E.T.I. (Expropriation du Territoire de l'Art), Radek, la Fabrique de vêtements trouvés, ESCAPE, etc. Des organismes d'art contemporain à but non lucratif se forment. Moscou et Saint-Pétersbourg voient la création des Centres d'art contemporain indépendants George Soros, fondés par l'Open Society Institute. Avec la participation du ministère de la Culture de la Fédération de Russie, le National Centre for Contemporary Arts (NCCA), Moscou est créé, accompagné d'un réseau d'antennes établies dans différentes régions de Russie. Des organismes privés et publics apparaissent ainsi que des galeries d'art contemporain. Toutes ces structures jouent leur rôle en apportant un soutien au nouvel art russe. De nombreux auteurs travaillant dans les années 1990 réussissent relativement rapidement à se faire un nom sur la scène artistique internationale. Dans les années 2000, la situation économique en Russie s'améliore quelque peu, ce qui influence positivement le développement de l'art contemporain. Le marché de l'art contemporain reprend forme. Une partie des organismes à but non lucratif et des groupements créatifs ont alors cessé d'exister mais de nouveaux groupes voient le jour et connaissent un vif succès.

À partir de ce moment, l'intérêt grandissant de la société russe pour l'art contemporain et l'attention accrue de la communauté artistique internationale stimulent l'essor des chefs de file et l'émergence de nouvelles personnalités de l'art actuel en Russie. De nouveaux organismes publics et nationaux d'art contemporain sont créés, notamment le Musée d'art moderne de Moscou, le Centre d'art contemporain

в Трехпрудном переулке и на Чистопрудном бульваре, новые группы – Товарищество «Искусство или смерть», Движение «Э.Т.И.», «Радек», «Фабрика найденных одежд», «ESCAPE» и многие другие. Сформировались нонпрофитные организации современного искусства. В Москве и Санкт-Петербурге появились независимые Центры современного искусства Дж. Сороса, созданные Фондом «Открытое общество». При содействии Министерства культуры РФ был создан Государственный центр современного искусства (ГЦСИ) с сетью филиалов в различных регионах России. Появлялись отдельные частные и общественные организации, возникали галереи современного искусства. Все эти организации сыграли свою роль, оказывая посильную поддержку новому российскому искусству. Многим из художников, работавших в 1990-х, удалось относительно быстро заявить о себе на международной сцене современного искусства. В 2000-е годы экономическая ситуация в России несколько улучшилась, и это позитивно сказалось на развитии современного искусства. Опять начал формироваться рынок contemporary art. Несмотря на то, что часть организаций и творческих группировок прекратила свое существование, стали появляться новые – вполне успешные и дееспособные.

Быстро развивающийся интерес общества к современному искусству в стране и возрастающее внимание международного профессионального сообщества стимулировали развитие существовавших и появление новых лидеров актуального искусства России. Стали создаваться новые общественные и государственные организации, работающие в области современного искусства: Московский музей современного искусства, Центр современного искусства «Винзавод», Центр современной культуры «Гараж» и многие другие. Начали проводиться Московская биеннале современного искусства, Московская международная биеннале молодого искусства «Стой! Кто идёт?», национальный конкурс в области современного визуального искусства «Инновация» и другие масштабные проекты. Появились новые творческие объединения, играющие заметную роль на современной художественной сцене – «Синий суп», «Синие носы», «Провмыза», «ПГ», «Куда бегут собаки», «Капитон», «Купидон» и другие. Многие российские авторы постоянно участвуют в крупнейших международных форумах и фестивалях современного искусства, таких как

Vinzavod et le Centre de culture contemporaine Garage. Cette période voit aussi le lancement de nouveaux événements : la Biennale d'art contemporain de Moscou, la Biennale internationale de la jeune création de Moscou «Qui vive ?», le Concours national d'art contemporain visuel «Innovation» et d'autres projets d'envergure. De nouvelles associations de créateurs apparaissent qui jouent un rôle important sur la scène artistique contemporaine : Blue Soup, Blue Noses Group, Provmyza, PG, Où courent les chiens, Capiton, Cupidon, etc. De nombreux créateurs russes prennent part aux plus grandes manifestations d'art contemporain telles que la Biennale de Venise, la Biennale de São Paulo, la Biennale d'Istanbul, la Documenta de Kassel, la Manifesta, etc. Les artistes qui avaient émigré commencent à revenir en Russie. Le choix des œuvres présentées dans l'exposition est très personnel, guidé par la seule conception de son commissaire, dans la mesure où il ne peut pas – et ne doit pas – donner au visiteur une représentation *complète* du nouvel art russe. Cependant, cette exposition donne à voir les tendances et les courants majeurs de l'art contemporain russe de cette dernière décennie.

Les œuvres exposées au Louvre sont donc représentatives des principaux artistes russes de l'art contemporain. Je pense qu'elles attireront l'attention du public français, connu pour son raffinement, et qu'elles ne laisseront pas indifférents les spécialistes et les connaisseurs de l'art contemporain. 🖋

Венецианская и Стамбульская биеннале, биеннале в Сан-Паулу, «Документа» в Касселе, «Манифеста» и прочие. Ранее уехавшие за рубеж художники стали возвращаться в страну.

Выбор произведений, вошедших в экспозицию выставки, очень личностный, определенный авторской концепцией куратора, поэтому он не может – да и не должен, –дать зрителю *полное* представление о всем диапазоне нового российского искусства. Однако на выставке показаны важнейшие тенденции и стратегии современного искусства России последнего десятилетия.

Я думаю, что представленный в Лувре репрезентативный выбор произведений ведущих российских художников, работающих в области contemporary art, привлечет внимание рафинированной французской публики и не оставит равнодушными специалистов и ценителей современного искусства. 🖋

Vue de l'installation d'Igor Makarevich
et Elena Elagina, *les Forces irrationnelles de l'inconnu*,
dans les fossés médiévaux du Louvre, 2010
Néons, échelles, chaussures

Инсталляция Игоря Макаревича и Елены
Елагиной *Неизвестные разумные силы*
в средневековых рвах Лувра, 2010
Неоновые лампы, лестницы, обувь

Ruines et utopies : parcours labyrinthique dans le Louvre médiéval…

∽ *Marie-Laure Bernadac,* commissaire de l'exposition, conservateur général, chargée de mission pour l'art contemporain au musée du Louvre
∽ *Мари-Лор Бернадак,* куратор выставки, главный хранитель, куратор отдела современного искусства Лувра

L'exposition présente 19 artistes de différentes générations et un grand nombre d'œuvres (peintures, sculptures, vidéos) produites spécifiquement pour le musée du Louvre. Plusieurs thèmes se retrouvent d'une œuvre à l'autre : l'intérêt pour l'espace iconique, la relecture de l'avant-garde, le caractère utopique de la création, la critique ironique, voire cynique, de l'histoire de l'art.

Dès l'entrée, le ton est donné avec l'installation des tableaux d'Alexei Kallima, intitulée *Veuillez nous excuser, pour des raisons techniques l'exposition est repoussée.* Cet avertissement, qui pourrait être interprété comme une critique déguisée des lenteurs bureaucratiques, est en fait la peinture en trompe-l'œil d'une exposition en cours d'accrochage. Puis, la grande peinture sur cartons assemblés de Valery Koshlyakov nous rappelle, avec ses motifs architecturaux, que nous sommes dans le Louvre.

Après cette ouverture qui plonge le visiteur dans la réalité matérielle de l'exposition et du lieu, viennent deux œuvres insolites qui sont, chacune à sa manière, un manifeste poétique et esthétique. Des échelles qui s'appuient sur les remparts symbolisent l'ascension et les trois lettres en néon rose, r A y, signifient « le paradis » en russe, mais écrit en alphabet latin. Cette installation étrange d'Igor Makarevich et Elena Elagina, inspirée d'un écrit de Tsiolkovski, fait allusion à une possible résurrection des morts grâce un engin interplanétaire. Tous les éléments d'une culture russe sont ainsi réunis : la conquête de l'espace, l'utopie d'une seconde vie, l'amalgame entre science et philosophie.

Le thème de la mégapole détruite apparaît dans l'œuvre d'Alexander Brodsky, *Paysage d'hiver,* qui enfouit ses constructions de terre sous un manteau de neige. La neige se retrouve dans la vidéo de Vadim Zakharov, *Confessions.* Si le titre vient de saint Augustin et de Jean-Jacques Rousseau, le contenu est celui d'un artiste contemporain désabusé par la situation artistique actuelle, dominée par le marché et le spectaculaire. La comparaison qu'il établit entre ses « pensées gelées » et les

Выставка представляет девятнадцать художников разных поколений и значительное количество произведений (картины, скульптуры, видеоинсталляции), созданных специально для Лувра. В основе экспозиции – темы, нашедшие свое отражение в работах ряда авторов: интерес к каноническому пространству иконы, новое прочтение авангарда, утопический характер творчества, ироничная, подчас циничная оценка истории искусства.

У входа общий тон выставке задает инсталляция Алексея Каллимы «Извините, по техническим причинам открытие выставки переносится». Объявление, которое может быть интерпретировано как завуалированная критика бюрократических порядков, на самом деле является названием живописной серии, состоящей из картин-обманок, воспроизводящих процесс монтажа экспозиции. Затем большая живопись-ассамбляж, исполненная на гофрированном картоне Валерием Кошляковым, напоминает нам, благодаря узнаваемым архитектурным мотивам, что мы находимся в Лувре.

После этой увертюры, которая погружает зрителя в материальную реальность выставки и места ее проведения, следуют произведения, каждое из которых представляет собой своеобразный поэтический и эстетический манифест. Лестницы, приставленные к крепостной стене, символизируют восхождение, и три буквы, светящиеся розовым неоновым светом, – r A y, – обозначают написанное латинским шрифтом слово «Рай». Эта загадочная инсталляция Игоря Макаревича и Елены Елагиной, источником вдохновения для которых послужила одна из записей в архиве Циолковского, представляет аллюзию на проект воскрешения мертвых с помощью межпланетного корабля, объединяя основные искания русской культуры: завоевание космоса, утопические представления о «другой жизни», переплетения науки и философии.

Тема разрушенного мегаполиса звучит в «Зимнем пейзаже» Александра Бродского, который окутывает снежным покровом архитектурные модели из глины. Снег присутствует и в видеоинсталляции Вадима Захарова «Исповедь». Если название работы отсылает к Блаженному Августину и Жан-Жаку Руссо, то содержание отражает настроение художника, разочарованного ситуацией в мире современного искусства, где властвует рынок и гламур. Сравнивая свои «замерзающие мысли» (напоминающие об

Руины и утопии: сквозь лабиринт средневекового Лувра…

souffrances d'un officier français pendant la retraite de Russie jette un pont entre les histoires russe et occidentale ; ces pensées sont aussi l'expression d'une esthétique du froid qui prédomine chez certains artistes russes. La tension entre le feu qui lèche les remparts et le monologue de l'artiste seul dans la neige prend d'autant plus d'ampleur dans le décor archéologique souterrain du palais et invite à une réflexion sur le devenir de l'art contemporain.

Le champignon d'Igor Makarevich et Elena Elagina (une amanite symbolisant le mythe fondateur de la Russie) surmonté d'une tour de Tatline et supporté par des figurines de porcelaine est une vision syncrétique de l'histoire de l'art russe dans ses relations avec l'avant-garde et l'Antiquité classique. Il annonce les diverses relectures de l'avant-garde et du réalisme présentées dans la salle de la Maquette. La série de tableaux de Pavel Pepperstein, «From Mordor with Love», superpose, quant à elle, des références au carré noir de Malevitch et au *zip* de Barnett Newman, dans un délire de couleurs et de volutes. L'artiste continue ce principe d'association en mixant les drapeaux américain et anglais. Cette hybridation des références est une constante de la relecture de l'histoire de l'art moderne et occidental que pratiquent de nombreux artistes contemporains.

Dans les années 1990, des artistes comme Komar & Melamid s'étaient penchés sur le goût populaire en matière artistique ; entre abstraction et figuration, la majorité des peuples, qu'ils soient français ou russe, privilégie le genre du paysage et délaisse la géométrie. Cette parodie de démocratie, intitulée *le Goût du peuple*, a fait le tour du monde. Le recours aux formes élémentaires du constructivisme russe, aux triangles et aux carrés de Lissitzky ou de Malevitch, est un des motifs récurrents des vidéos et photographies du Blue Noses Group ; dans *Suprematic Subbotnik*, les deux artistes portent des planches de bois rouges et blanches pour un travail d'intérêt collectif, faisant ainsi une allusion ironique aux idéaux de la révolution. La série d'Avdei Ter-Oganyan est beaucoup plus radicale. Les mêmes formes géométriques sont interprétées

«эстетике холода», преобладающей в творчестве ряда российских авторов) и страдания отступающего из России французского солдата наполеоновской армии, Захаров устанавливает связь между русской и европейской историей. Грандиозные археологические декорации подземелья дворца еще более усиливают напряженный контраст между огнем, «облизывающем» крепостные стены, и монологом одиноко сидящего в снегу художника, приглашающего к размышлениям о будущем современного искусства.

Гриб Игоря Макаревича и Елены Елагиной (мухомор – мифический символ сознания дохристианской Руси), «прорастающий» башней Татлина и поддерживаемый фарфоровыми фигурами, представляет синкретический образ истории русского искусства, соединяющий авангард и античную классику. Он предваряет разнообразные варианты переосмысления авангарда и реализма, представленные в Зале Макета. В серии картин Павла Пепперштейна «Из Мордора с любовью» – яркие завихрения спиралей накладываются на композиции, отсылающие к «Черному квадрату» Малевича и к «молниям» («zip») Барнета Ньюмана. Художник повторяет принцип комбинирования, совмещая американский и британский флаги. Подобное скрещивание ссылок является устойчивым приемом в новом прочтении искусства модернизма, характерном для практики многих современных художников.

В 1990-е годы художники Комар и Меламид обратились к исследованию общественного вкуса в области искусства. Большинство зрителей как во Франции, так и в России, выбирая между абстракцией и фигуративной живописью, отдало предпочтение жанру пейзажа и отвергло геометрию. Проект «Выбор народа», реализованный во многих странах мира, стал своеобразной пародией на тему «демократии в искусстве».

Использование «элементарных форм» русского конструктивизма, треугольников и квадратов Лисицкого и Малевича, – один из мотивов, повторяющихся в видео и фотографических сериях группы «Синие носы». В «Супрематическом субботнике» – иронической версии «коммунистического субботника», художники перетаскивают красные и белые доски, демонстрируя пример сознательного коллективного труда на благо общества. Серия Авдея Тер-Оганьяна гораздо более радикальна.

Те же геометрические формы представлены художником как

comme autant d'interdits politiques, religieux, juridiques. Cette œuvre provocatrice met le doigt sur l'ambiguïté du regard et de l'interprétation subjective ou idéologique que l'on peut faire de l'œuvre d'art.

Andrei Monastyrsky, dans une des performances du groupe Actions collectives, utilise le drapeau rouge et la neige comme des éléments de performance. Une banderole était découpée par les participants, qui emportaient chacun un morceau de tissu pour conserver une trace de l'action. Shvedagon – mot inscrit sur une seconde banderole plus petite et laissée sur place, dans le paysage – est le nom d'un lieu saint bouddhique. Erik Boulatov, qui fait partie avec Ilya Kabakov des premiers artistes non conformistes émigrés en Europe dans les années 1980, est présent avec deux tableaux significatifs : la *Liberté* de Delacroix, encadrée et portée par les grandes lettres de la typographie constructiviste, et *Black Night, White Snow*, qui fait jouer en miroir le noir et le blanc, le positif et le négatif, la neige et la nuit.

À l'opposé de ces réinterprétations du langage constructiviste russe, on trouve les peintures figuratives de Dubossarsky & Vinogradov, représentants d'une peinture pop russe parodiant le style du réalisme socialiste. Dans le tableau *Poetry*, ils font allusion à l'importance de la littérature et de la poésie dans la culture russe, quelle que soit l'époque. De nombreux artistes du conceptualisme moscovite sont en effet aussi poètes, philosophes et théoriciens.

Les références à l'art ancien et le détournement du style sont à l'origine de la série de figurines en porcelaine du groupe AES+F, «Europe-Europe». Les traditionnels personnages du XVIIIᵉ siècle, bergers, gentilshommes et demoiselles, sont remplacés par des hommes d'affaires, des policiers ou des néonazis. Très loin de cette tendance «glamour», l'œuvre discrète et efficace de Diana Machulina, *l'Âme en caoutchouc*, rappelle la situation politique russe, car elle a été réalisée à l'occasion de l'élection présidentielle de 2008. Une façade du Kremlin faite de gommes superposées est posée sur une urne électorale avec des bulletins

политические, религиозные и юридические запреты. Его работа носит провокативный характер, указывая на амбивалентность взгляда и опасность субъективной или идеологической интерпретации произведения искусства.

Андрей Монастырский в качестве основных элементов одной из акций группы «Коллективные действия» использует красное полотно и снег. Участникам предлагается разрезать огромный транспарант на отдельные части и унести куски ткани в качестве свидетельства о состоявшемся событии. На месте акции, на снегу остается небольшое полотно с надписью «Шведагон» – названием одного из самых почитаемых в мире буддистских храмов.

Эрик Булатов, как и Илья Кабаков, был одним из первых художников-нонконформистов, эмигрировавших в Европу в 1980-е годы. На выставке его искусство представляют две знаковые картины: «Свобода» Делакруа в обрамлении больших букв конструктивистского шрифта, и «Черный вечер, белый снег», построенная на зеркальном контрасте черного и белого, позитива и негатива, снега и ночи.

«Ре-интерпретациям» конструктивизма противопоставлены фигуративные картины Дубосарского и Виноградова, представляющие «народную русскую живопись», пародирующую произведения эпохи соцреализма. В картине «Поэзия» художники развивают тему непреходящей ценности литературы и поэзии в русской культуре всех времен. Примечателен тот факт, что многие из художников московского концептуализма являются одновременно поэтами, философами и теоретиками.

В основе серии фарфоровых скульптур группы АЕС+Ф «Европа-Европа» – присвоение и искажение исторического стиля. Традиционные персонажи XVIII века – пастушки, дамы и кавалеры заменены бизнесменами, полицейскими и неонацистами. Далекий от этой гламурной тенденции, «Кремль» Дианы Мачулиной, созданный по случаю президентских выборов 2008 года, напоминает о политической ситуации в России. Кремлевские стены и башни, сложенные из резиновых ластиков, водружены на урну для голосования с избирательными бюллетенями и карандашами. Ластики в этой тонкой и призывающей к действию работе становятся символами стирания памяти и критического суждения.

У основания донжона маршрут выставки продолжают

et des crayons. La gomme est le symbole de l'effacement de la mémoire et de l'opinion critique.

Le parcours se poursuit avec l'installation des modèles d'architecture utopique des Kabakov, qui trouvent tout naturellement leur place au pied du donjon. Les anciennes fondations du palais de Charles V symbolisent le passé du musée, et les maquettes et dessins des Kabakov nous projettent vers l'avenir. Le dialogue entre ces deux modèles d'architecture intègre ainsi les «ruines» du Louvre aux projets visionnaires des artistes. Dans la continuité de ces constructions, le pavillon *Rotunda II* d'Alexander Brodsky, installé dans les Tuileries, montre, avec ses portes de récupération blanches et ses fenêtres aux verres peints, la permanence d'une architecture «pauvre» en Russie, inspirée des modèles de l'architecture classique.

On découvre ensuite en coulisse la performance *Geopoetics-15* de Yuri Leiderman, qui oppose le monde traditionnel et folklorique de la paysannerie russe au monde ancien des mousquetaires. L'exposition s'achève dans la crypte, où sont présentées les vidéos d'Olga Chernysheva et de Dmitry Gutov. Toutes deux ont pour sujet le musée et l'histoire de l'art. La première est une visite du Musée russe de Saint-Pétersbourg, qui fait suite à une autre vidéo sur la Galerie nationale Tretiakov. L'artiste nous fait déambuler dans les salles et filme autant les visiteurs que les œuvres en faisant se superposer les plans, comme autant d'effets de miroir – plans et cadres qui se répètent dans une série de dessins à la mine de plomb. Dmitry Gutov s'est, lui, inspiré d'un célèbre tableau de Feodor Vassiliev, *le Dégel*, et se représente tombé dans la boue sombre de la fonte des neiges. Ce dégel est à double sens, fin de l'hiver et disparition du totalitarisme soviétique.

Le musée est également le thème de la performance de Yuri Albert, qui propose une visite aveugle à un groupe afin de vérifier la pertinence du regard sur les œuvres. Voit-on mieux ce que l'on décrit ? Grâce à lui, enfin, le public peut profiter d'une minute de plus pour visiter le musée du Louvre. ❦

утопические архитектурные модели Ильи и Эмилии Кабаковых. Древние стены замка Карла V символизируют прошлое музея, а макеты и рисунки Кабаковых визуализируют проекцию будущего. Вступая в диалог с архитектурными моделями, «руины» Лувра оказываются включенными в визионерский проект художников. Архитектурную тему продолжает установленный в саду Тюильри павильон «Ротонда» Александра Бродского. С перекрашенными в белый цвет дверьми и разрисованными стеклами, «Ротонда» воплощает вечный для России тип «бедной» архитектуры, вдохновленной классическими образцами.

«За кулисами» экспозиции, под сводами донжона, прячется перформанс Юрия Лейдермана «Геопоэтика», построенный на противопоставлении мира фольклорной крестьянской России и старинного мира эпохи мушкетеров. Выставка завершается в крипте замка видеопроекциями Ольги Чернышевой и Дмитрия Гутова. В основе произведений обоих авторов – художественный музей и история искусства. В продолжение видео о Третьяковской галерее, Ольга Чернышева снимает Русский музей в Санкт-Петербурге. Приглашая нас на прогулку по залам, художник запечатлевает зрителей и произведения, их взаимные отражения, наслоения изображений. Те же планы и кадры повторяются, как в зеркале, в серии карандашных рисунков. Дмитрий Гутов, вдохновленный знаменитой картиной Федора Васильева «Оттепель», выступает в качестве персонажа собственного фильма, падающего в темную, смешанную с талым снегом грязь. Его «Оттепель» обретает двойной смысл: это и конец зимы и конец советского тоталитаризма.

Музей становится темой и перформанса Юрия Альберта. Художник приглашает зрителей на экскурсию по залам Лувра с завязанными глазами с целью выяснить достоверность восприятия произведения искусства. Улучшается ли наше «зрение», когда нам описывают произведение? Наконец, благодаря Юрию Альберту, публика получила возможность пробыть в Лувре на одну минуту дольше. ❦

De l'underground russe
au sous-sol du Louvre

ꙮ *Irina Gorlova*, directrice du département des programmes artistiques du National Centre for Contemporary Arts (NCCA), Moscou

ꙮ *Ирина Горлова*, руководитель отдела художественных программ Государственного центра современного искусства (ГЦСИ), Москва

Au cours de ces vingt dernières années, tandis que la Russie ouvrait peu à peu le rideau de fer et changeait de teinte sur la carte politique du monde, l'art russe a pris le qualificatif de «contemporain» et atteint une dimension internationale. Dans l'ancien «pays des Soviets», on organisait des expéditions ethnographiques en quête d'objets d'art, cherchant, dans les artefacts découverts, un exotisme aux accents politiques. On attendait des Russes une perception d'un passé laborieux et d'un présent non moins difficile, et l'on observait avec intérêt le démantèlement de l'Union soviétique. Résolu à se débarrasser de l'étiquette «produit du tiers monde», l'art russe a tourné vers l'Occident un autre visage, plus policé, tentant de s'intégrer au contexte international, loin de l'imagerie des chapkas ou des ours sur la place Rouge et de la symbolique socialiste.

Aujourd'hui, cependant, malgré le cortège victorieux des artistes dans toutes les biennales internationales, il est temps de l'admettre: l'art russe, même sous le masque «paneuropéen», reste marqué, selon les mots de Yuri Leiderman, par la «stupidité radieuse de l'archaïsme», l'autosuffisance indécrottable empreinte de l'«idée russe», autrement dit l'assurance d'être les élus et l'altérité du destin échu aux habitants d'un espace s'étendant sur dix mille kilomètres.

La conscience russe est imprégnée de relativisme. L'art russe, s'il est resté dans le passé, regarde vers l'avenir. Cette position se manifeste encore et toujours dans les projets rappelant le Moyen Âge, le populisme, les triomphes de l'avant-garde russe et l'«édification d'un avenir radieux dans un pays unique», ainsi que les grandes illuminations visionnaires et la conquête de l'espace. Désireux de trouver de nouvelles formes pour matérialiser les anciennes et les nouvelles utopies, les artistes emploient des matériaux originaux comme le pain, le vieux bois, l'argile, le carton ondulé, la mousse de polyester ou les choux, autrement dit tout ce qui, dans la vie courante, sert d'emballage, d'enveloppe ou, au contraire «sature» les intérieurs, comme l'organisme humain, ainsi que les objets d'usage quotidien. Les

За последние двадцать лет, пока Россия, все дальше отодвигая «железный занавес», постепенно меняла свою окраску на политической карте Земли, русское искусство приобрело приставку «современное» и вышло на мировые просторы. В бывшую «страну Советов» «за искусством» снаряжались своего рода этнографические экспедиции, а в новых артефактах искали экзотику, отмеченную политическим привкусом. От русских ждали визуализации трудного прошлого и непростого настоящего, и с интересом посматривали на «ломку», в состоянии которой пребывало все постсоветское пространство. В стремлении очиститься от штампа «продукт из страны 3-го мира», искусство России обратило к Западу и другое, цивилизованное лицо, пытаясь войти в международный контекст без форы, без скидок на этноэкзотику, без оглядки на шапки-ушанки, медведей на Красной площади и социалистическую символику. Однако, сегодня, несмотря на победное шествие художников по всевозможным международным Биеннале, пришло время признать: русское искусство, даже спрятавшись за маской «общеевропейского», не способно избавиться от, говоря словами Юрия Лейдермана, «лучезарной тупости архаики», от неистребимой самодостаточности, подпитываемой «русской идеей» – в основе которой уверенность в избранности, и, значит, инаковости пути, уготованного обитателям пространства, растянутого по горизонтали на девять тысяч километров.

Русское сознание пронизано релятивизмом. Русское искусство, оставаясь в прошлом, устремляется в будущее. Эта позиция проявляется вновь и вновь в проектах, обращенных к эпохам средневековья и «хождения в народ», торжества русского авангарда и «построения светлого будущего в одной, отдельно взятой стране», великих визионерских озарений и покорения космоса. В стремлении найти новые формы для воплощения прежних и новых утопий художники обращаются к «нестандартным» материалам – хлебу и старому дереву, сырой глине и гофрокартону, поролону и капусте. То есть того, что в обычной жизни выполняет роль упаковки, оболочки, или наоборот, «насыщает» внутренности, как человеческого организма, так и предметов обихода, из которого складывается видимый и осязаемый мир. Произведения художников все чаще оборачиваются палимпсестами, под верхним слоем

Из русского подполья во французское подземелье

œuvres des artistes se transforment de plus en plus souvent en palimpsestes sous lesquels transparaissent les strates culturelles des siècles et décennies précédents.

Dans les sous-sols du plus grand musée parisien, la *Liberté* d'Erik Boulatov, sorte d'épure du tableau d'Eugène Delacroix, semble nous guider hors du XIXe siècle. Le mouvement vers l'avant est souligné par la légende qui se déploie dynamiquement dans deux directions, reprenant le premier mot de la célèbre devise de la République française. Obéissant à cet appel, nous passons sous les arcades du château royal pour nous heurter aux barricades composées des toiles d'Alexei Kallima et nous nous arrêtons devant cet avertissement: «Veuillez nous excuser, pour des raisons techniques l'exposition est repoussée.» Dans l'espace du Louvre médiéval, au milieu des murs et des tours du XIIe siècle, l'activité bat son plein. Des femmes vêtues du costume national russe tranchent des choux, des personnages cheminent sur le sol enneigé vers une bannière rouge tendue à l'orée de la forêt, un homme recouvert d'un long manteau et coiffé d'une crête iroquoise se réchauffe devant un feu, et au pied d'échelles de bois s'amoncellent des souliers éculés sur lesquels flotte en lettres lumineuses l'abréviation non identifiée r A y. Et, comme une métaphore de ce monde étrange et froid, le «paysage» hivernal scellé dans une immense boîte en fer-blanc se multiplie sur une surface «glacée» spéculaire.

C'est un voyage au cœur d'un musée fantasmagorique qui attend le public, avec des pièces qui rappellent à première vue seulement des spécimens de l'histoire de l'art russe. Les formules suprématistes de Malevitch sont développées dans la série de Pavel Pepperstein, où l'on voit un carré noir orné de rayures et d'arabesques multicolores. Les abstractions radicales d'Avdei Ter-Oganyan et les jeux suprématistes du Blue Noses Group sont accompagnés de sentences qui ne sont intelligibles que par un habitant actuel de la Russie. La tour de la IIIe Internationale de Tatline et d'autres créations des constructivistes sont également réinterprétées. Le tableau le plus apprécié et le tableau le plus détesté du peuple russe, réalisés par Komar & Melamid d'après

которых проглядывают культурные пласты предшествующих веков и десятилетий.

В подземелье главного музея Парижа ведет «Свобода» Эжена Делакруа, очищенная русским художником Эриком Булатовым от примет 19-го столетия. Ее движение вперед подчеркивает динамически разворачивающаяся в обоих направлениях надпись, составляющая первое слово в известном девизе французской республики. Подчинившись призыву и шагнув под своды королевского замка, мы наталкиваемся на баррикады, сооруженные из холстов Алексея Каллимы, и останавливаемся перед предупреждающей надписью – «Извините, по техническим причинам открытие выставки переносится». В пространстве средневекового Лувра, среди стен и башен XII века, кипит работа. Женщины в национальных русских костюмах рубят капусту, какие-то люди бредут по заснеженному полю к растянутому на опушке леса красному транспаранту, человек в длинном пальто с ирокезом на голове греется у полыхающих костров, а у подножия деревянных лестниц оставлена груда стоптанной обуви, над которой нависают светящиеся буквы, образующие неопознаваемую аббревиатуру RAY. И как метафора всего этого странного, холодного мира – запаянный в огромную жестяную коробку зимний «пейзаж» множится в зеркальной «ледяной» плоскости.

Зрителя ожидает путешествие в фантасмагорический музей, экспонаты которого лишь на первый взгляд напоминают известные образцы истории русского искусства. Супрематические формулы Малевича получили свое развитие в серии Павла Пепперштейна, украсившего черный квадрат полосатыми линиями и завитушками разноцветных спиралей. Радикальные абстракции Авдея Тер-Оганьяна, как и супрематические игры «Синих носов», сопровождаются понятными только современному обитателю России сентенциями. Новое воплощение получает и Башня Третьего Интернационала Татлина и прочие творения конструктивистов. Самая любимая и не любимая картины русского народа, сконструированные в результате социологического опроса Комаром и Меламидом, вскрывают склонность зрителя не к прославившим русскую культуру экспериментам авангарда, а к пейзажу с лесом и речкой, детьми и фигурой Христа. За «классику» в этом диковинном музее отвечают фарфоровые фигурки AES+Ф, как будто

les résultats d'un sondage d'opinion, révèlent l'inclination du public non pour les expériences avant-gardistes qui ont glorifié la culture russe, mais pour des paysages représentant des forêts, des rivières, des enfants et le personnage du Christ. Dans cet étrange musée, le «classicisme» est représenté par les figures de porcelaine du groupe AES+F, qui semblent sorties d'un buffet du XVIIIe siècle, revues cependant par Konstantin Somov, rétrospectiviste russe raffiné du Siècle d'argent, qui s'est rendu célèbre en modernisant des personnages historiques. Les scènes galantes ne se déroulent pas entre des marquises et leurs chevaliers servants, mais entre des skinheads et des hommes d'affaires.

L'art populiste des «Ambulants», qui proposent un modèle général de la Russie, pays de l'éternelle *raspoutitsa*, est illustré par *le Dégel* de Fedor Vassiliev, artiste de la seconde moitié du XIXe siècle, «mis en scène» par Dmitry Gutov. Mais les véritables peintures se cachent derrière les vitres où se reflètent les visiteurs du Musée russe. Dans l'exposition se trouve même une réplique miniature du Kremlin de Moscou dont les murs et les tours, faits de gommes en caoutchouc pour enfants, soulignent les dimensions monumentales du donjon du château médiéval. Cette collection de «tours de force» du passé apparaît comme l'analogie d'un musée provincial alliant des préoccupations régionales et artistiques. Seule la série des maquettes architecturales élancées d'Ilya & Emilia Kabakov, évoquant par l'élégance froide de leurs formes les projets soviétiques et allemands des périodes célèbres de réorganisation mondiale, permet de comprendre que ce n'est pas le passé mais bien l'avenir qui germe dans ce chaos culturel. Et que l'artiste russe joue librement avec les catégories spatio-temporelles. C'est pourquoi, à l'occasion de l'irruption de l'art russe, sorti il y a peu de l'underground pour gagner les sous-sols du Louvre, le premier musée français s'est ouvert une minute plus tôt. Et les vieilles chaussures oubliées appartiennent aux élus qui gravissent les escaliers menant au paradis. ♪

вынутые из шкафов XVIII века, но «поправленные» известным и изящным русским ретроспективистом серебряного века Константином Сомовым, известным тягой к осовремениванию исторических персонажей. Галантные сценки разыгрываются не между маркизами и их кавалерами, но скинхедами и бизнесменами.

Народническое искусство «передвижников», как общий образ России – страны вечной распутицы, представлено «Оттепелью» художника второй половины XIX века Федора Васильева, «инсценированной» Дмитрием Гутовым. А настоящие произведения живописи прячутся за стеклами, отражающими посетителей Русского музея. На выставке есть даже миниатюрный клон московского Кремля, стены и башни которого, сложенные из детских резиновых ластиков, подчеркивают циклопичность размеров донжонов средневекового замка. Это собрание кунштюков прошлого выглядит подобием провинциального музея, соединяющего краеведческие и художественные интересы. Лишь стройный ряд архитектурных макетов Ильи и Эмилии Кабакова, холодной отточенностью форм напоминающих проекты известных времен советского и германского переустройства мира, помогают понять, что из всего этого культурного хаоса не прорастает прошлое, но произрастает будущее. Что русский художник свободно оперирует категориями времени и пространства. Поэтому по случаю нашествия русского искусства, не так давно вышедшего из собственного подполья и спустившегося в подземелье Лувра, главный французский музей открылся на одну минуту раньше. А старые забытые ботинки принадлежат избранным, взошедшим по лестницам, ведущим в поднебесье, в страну под названием «Рай». ♪

Igor Makarevich
et Elena Elagina
Iron Mushroom, 2008
Dessin préparatoire

Игорь Макаревич
и Елена Елагина
Железный гриб, 2008
Эскиз

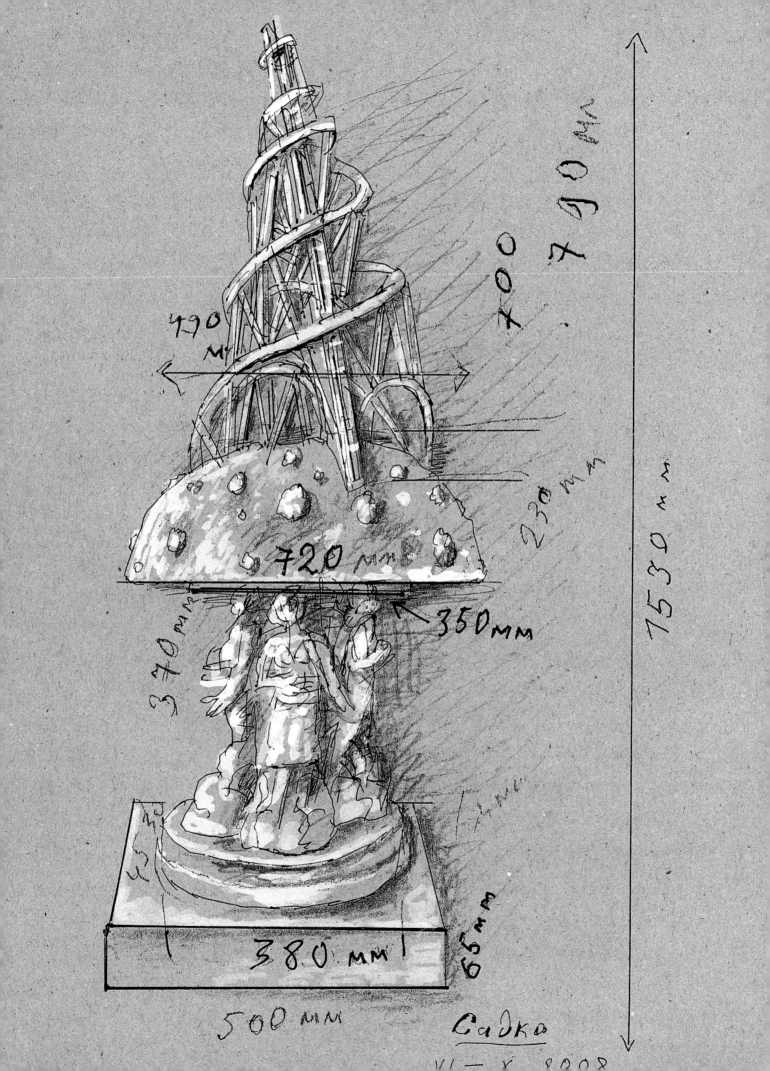

490 мм

700 720 мм

720 мм

230 мм

370 мм

350мм

1530 мм

380 мм

65мм

500 мм

Садко

VI — X 2008

Vue de dessins et maquettes
d'Ilya & Emilia Kabakov installés
dans le donjon du Louvre, 2010

Рисунки и макеты Ильи и Эмилии Кабаковых
в донжоне Лувра, 2010

AES+F GROUP
Группа АЕС+Ф

❧ *Pauline Guelaud* ❧ *Полин Гело*

Tatiana Arzamasova et Lev Evzovich sont diplômés de l'Institut d'architecture de Moscou, respectivement en 1978 et 1982. Evgeny Svyatsky est, lui, diplômé de l'Université d'arts graphiques de Moscou en 1980. Photographe de mode, Vladimir Fridkes rejoint le groupe en 1995. Il transforme ainsi l'appellation du groupe AES, établi en 1987, en AES+F.

Le groupe AES+F crée des images nettement provocatrices empruntant aux stratégies publicitaires pour critiquer la violence d'une société ultramédiatisée. Avec dérision, ce collectif, l'un des plus importants de Russie, aborde des sujets d'actualité sensibles et transpose visuellement craintes primaires, stéréotypes et tabous. Le musée d'Art moderne de Moscou et le Musée russe de Saint-Pétersbourg accueillent leur exposition personnelle en 2007, suivis en 2008 du Museo d'Arte Contemporanea de Rome. Après avoir participé à l'exposition collective du pavillon russe de la 52ᵉ Biennale de Venise, AES+F présente en 2009 *The Feast of Trimalchio* dans le cadre de l'exposition «Unconditional Love» à l'Arsenal Novissimo de Venise. Vidéo à 365°, cette immense installation propose une vision hyperesthétisée de la luxure à l'époque de la mondialisation. Maîtres et serviteurs s'adonnent à une orgie romaine, conduisant à la destruction par un tsunami de leur paradis touristique. Au Louvre, AES+F présente trois figurines en porcelaine issues de la série «Europe-Europe» qui, d'ordinaire, étaient exposées dans une armoire vitrée à la façon du XVIIIᵉ siècle.

Biographie
Tatiana Arzamasova (née en 1955),
Lev Evzovich (né en 1958),
Evgeny Svyatsky (né en 1957) et
Vladimir Fridkes (né en 1956) forment le groupe AES+F. Ils vivent et travaillent à Moscou.

Биография
Татьяна Арзамасова родилась в 1955 в Москве. Лев Евзович родился в 1958 в Москве. Евгений Святский родился в 1957 в Москве. Владимир Фридкес родился в 1956 в Москве. Живут и работают в Москве.

Business Man Toy Factory
Série «Europe-Europe»
2007-2008
Figurine de porcelaine
36,5 x 30,5 x 22 cm

Бизнесмен на фабрике игрушек
Серия «Европа–Европа»
2007-2008
Фарфор
36,5 x 30,5 x 22 см

Татьяна Арзамасова и Лев Евзович окончили Московский архитектурный институт соответственно в 1978 и 1982 годах. Евгений Святский окончил в 1980 году Московский полиграфический институт. Вместе они создали в 1987 году группу АЕС. В 1995 году к ним присоединился фотограф Владимир Фридкес, и к названию группы добавилась еще одна буква: АЕС+Ф.

Группа АЕС+Ф при помощи рекламных приемов и стратегий создает яркие провокационные образы, критикующие жестокость общества, павшего жертвой влияния СМИ. Группа – одна из самых заметных в России, – высмеивает наиболее чувствительные проблемы современности и превращает в зрительные образы первобытные страхи, стереотипы и табу. Персональные выставки группы состоялись в Музее современного искусства в Москве, Государственном Русском музее в Санкт-Петербурге в 2007 году и в Музее современного искусства в Риме в 2008 году. После участия в экспозиции русского павильона на 52-й Венецианской биеннале группа АЕС+Ф в 2009 году в рамках выставки «Unconditional Love» в Arsenale Novissimo в Венеции представила «Пир Тримальхиона». Эта гигантская видеоинсталляция предлагает сверхэстетизированную инсценировку роскошной жизни эпохи глобализации. Господа и слуги предаются римской оргии, ведущей к разрушению их туристического рая гигантской волной. В Лувре группа АЕС+Ф представляет три фарфоровые фигурки из серии «Европа–Европа», которые напоминают те, что экспонировались в кунсткамерах XVIII века.

YURI ALBERT
Юрий Альберт

☙ *Emmanuelle Lequeux* ☙ *Эммануэль Лекё*

Yuri Albert est l'un des chefs de file de l'école conceptualiste moscovite. Il est formé à l'Institut pédagogique de Moscou entre 1977 et 1980. Dès 1980, il participe aux expositions de la galerie APTART (Appartment Art). Puis, à partir de 1987, il prend part à de nombreuses expositions à travers le monde, notamment les biennales d'Istanbul (1992) et de Moscou (2009). Visiteur de musées depuis son plus jeune âge, il développe aujourd'hui une certaine amertume vis-à-vis de l'art contemporain comme système. C'est pourquoi ce conceptuel prônant paradoxalement l'effort cherche à offrir à l'amateur d'art des expériences perceptives originales. Il transcrit par exemple en braille 88 toiles de Van Gogh d'après les descriptions du peintre dans ses lettres à son frère Théo. Au visiteur de projeter ses propres images mentales sur ce récit abstrait. La performance qu'il réalise dans le cadre de «Contrepoint» s'inscrit dans cette perspective : Yuri Albert propose aux amateurs d'art de visiter le Louvre les yeux bandés. Remake d'une pièce déjà jouée à la Galerie nationale Tretiakov de Moscou ou au musée Ludwig de Cologne, cette visite d'un nouveau genre invite à développer son imaginaire, à réinventer les chefs-d'œuvre du musée à partir des simples paroles du guide. Autre proposition : l'artiste a demandé au musée d'ouvrir une minute plus tôt que d'habitude. Un geste infime, qui nécessite pourtant un chambardement de l'institution. Pour Albert, l'artiste est là où personne ne se doute de sa présence, et «le vrai spectateur n'est pas celui qui regarde, mais celui qui prend conscience, se souvient et imagine».

Biographie
Né en 1959 à Moscou,
Yuri Albert vite et travaille
à Moscou et Cologne.

Биография
Юрий Альберт родился в
1959 году в Москве. Живет и
работает в Москве и Кельне.

Excursion with Blindfolded Eyes
Vidéo de la performance
au musée du Louvre,
15 octobre 2010

*Экскурсия с завязанными
глазами*
Видеодокументация
перформанса в Лувре,
Париж, 15 октября 2010

Юрий Альберт – один из лидеров московской концептуальной школы. В 1977–1980 годах он учился в Московском государственном педагогическом институте. В 1980-х участвовал в выставках галереи APTART. Начиная с 1987 года работы художника экспонировались на многочисленных выставках по всему миру, в том числе на биеннале в Стамбуле (1992) и в Москве (2009).

С самого раннего возраста Юрий Альберт посещает музеи, однако к системе современного искусства он относится критически. Парадоксальным образом этот художник-концептуалист валоризирует усилие, которое, по мысли художника, ведет зрителя к настоящему и оригинальному восприятию произведения искусства. Юрий Альберт переводит на азбуку Брайля 88 полотен Ван Гога, используя их описания, сделанные живописцем в письмах к брату Тео. Предполагается, что посетитель дополнит этот абстрактный рассказ образами из своего воображения. Перформанс Юрия Альберта в рамках выставки «Русский контрапункт» следует той же идее: художник предлагает любителям искусства посетить Лувр с завязанными глазами. Являясь ремейком перформансов такого же рода в Третьяковской галерее в Москве и в Музее Людвига в Кельне, эта экскурсия по Лувру нацелена на развитие воображения участников и новое восприятие привычных шедевров, благодаря одним только описаниям экскурсовода.

Другая акция художника: он просит открыть музей на минуту раньше, чем обычно, и это, казалось бы, незначительное изменение требует от учреждения заметных усилий. По мнению Юрия Альберта, художник находится там, где никто не сомневается в его присутствии, а «настоящий зритель — не тот, кто смотрит, а тот, кто осознает, вспоминает и воображает».

BLUE NOSES GROUP
Группа «Синие носы»

❧ Héloïse Cullet-Quéré ❧ Элоиз Кюле-Кере

Viacheslav Mizin est entré à l'institut d'architecture de Novossibirsk, avant de s'initier à la peinture. Alexander Shaburov a étudié à l'école des beaux-arts puis est devenu photographe à la morgue de Sverdlovsk. Ensemble, ils créent en 1999 le Blue Noses Group, qui s'inscrit dans la continuité du mouvement Sots Art, amorcé dans les années 1970 par Komar & Melamid. Ce courant émerge après le règne du réalisme socialiste et se manifeste comme un mouvement sans précédent depuis les avant-gardes des années 1920. Par analogie avec le pop art, les artistes du Sots Art détournent l'iconographie vernaculaire et les clichés de l'art soviétique. Blue Noses Group participe dès 2003 à la 50ᵉ Biennale de Venise, puis en 2005 à la première Biennale de Moscou. Le groupe a recours à la vidéo performative et aux photographies pour brocarder les grandes tendances artistiques du xxᵉ siècle. Ainsi, les artistes montent de sketches grotesques, des farces improvisées qu'ils filment en dilettantes.

La série «Suprematic Subbotnik», réalisée en 2004, se découpe en cinq saynètes improvisées sur fond noir. Le groupe y tourne en ridicule le courant sacro-saint du suprématisme. En écho aux couleurs primaires et aux formes fétiches de Malevitch, les deux protagonistes portent des rectangles rouges et blancs de formats différents. Devenus planches de bois, ils vont servir pour les travaux de la ville (*subbotnik* se traduisant «travaux d'intérêt collectif»). Avec des messages inscrits dans les bulles («la paix des chaumières», «la guerre au palais») et l'emploi des couleurs rouge et blanche faisant allusion aux costumes des révolutionnaires bolcheviks et des tsaristes lors de la guerre, cette série rappelle l'œuvre du peintre de l'avant-garde russe Lazar Lissitzky, *Avec un coin rouge, frappez les Blancs* (1920).

Biographie
Né en 1962 à Novossibirsk, en Sibérie, Viacheslav Mizin vit et travaille à Novossibirsk. Né en 1965 à Sverdlovsk, l'actuelle Iekaterinbourg, Alexander Shaburov vit et travaille à Moscou.

Биография
Вячеслав Мизин родился в 1962 году в Новосибирске. Живет и работает в Новосибирске и Москве. Александр Шабуров родился в 1965 в Свердловске (ныне Екатеринбург). Живет и работает в Москве.

Вячеслав Мизин учился в Новосибирском архитектурном институте. Александр Шабуров окончил художественное училище, после чего работал фотографом в свердловском морге. В 1999 году они создали группу «Синие носы», близкую по стилю к соц-арту. В 2003 году «Синие носы» приняли участие в 50-й Венецианской биеннале, а в 2005 году – в первой Московской биеннале. Группа создает свои видео-перформансы и фотографии, словно насмехаясь над художественными течениями XX века. Художники ставят гротескные скетчи и импровизированные фарсы и снимают их без особой подготовки.

Серия «Супрематический субботник», созданная в 2005 году, – это фотографии пяти сценок, действие которых происходит на черном фоне. В них «Синие носы» высмеивают святая святых супрематизма. Напоминая об излюбленных цветах и формах Малевича, персонажи несут белые и красные прямоугольники различных размеров, которые оказываются просто досками – мусором, собранным на субботнике. Надписи в комиксных «пузырях» (например «Мир хижинам – война дворцам») и использование белого и красного цветов, напоминающих о Гражданской войне, связывают эту серию с плакатом русского художника-авангардиста Лазаря Лисицкого «Клином красным бей белых» (1920).

Suprematic Subbotnik
2004
5 photographies
50 x 65 cm chaque photographie

Супрематический субботник
2004
5 фотографий
50 x 65 см каждая

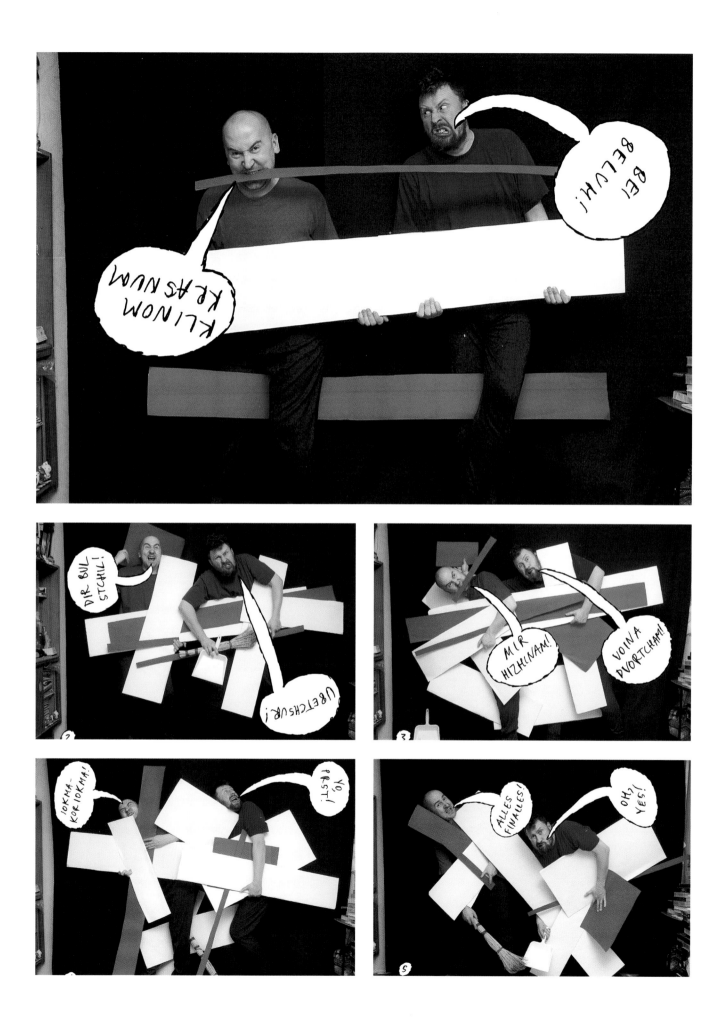

ERIK BOULATOV
Эрик Булатов

∾ *Pauline Guelaud* ∾ *Полин Гело*

Erik Boulatov suit des études artistiques dans le célèbre Institut Sourikov à Moscou, qui dispensait un enseignement rigoureux et où les noms de Malevitch, Kandinsky ou Chagall étaient proscrits. En 1988, sa première exposition personnelle a lieu à la Kunsthalle de Zürich (Suisse), puis au Centre Pompidou à Paris. La même année, il participe à la Biennale de Venise. En 2009, le MAMCO de Genève lui consacre une importante rétrospective.

Erik Boulatov est l'un des membres fondateurs du groupe Sretensky Boulevard avec, entre autres, Ilya Kabakov et Viktor Pivovarov, et appartient, comme la majorité de ses membres, à l'école conceptuelle moscovite. Si officiellement Erik Boulatov collabore avec Oleg Vassiliev en tant qu'illustrateur pour enfants, son œuvre picturale est en revanche éminemment contestataire. Artiste jugé «indésirable» par le régime soviétique, sa reconnaissance en Russie est tardive, marquée par sa première rétrospective à Moscou au National Centre for Contemporary Arts (NCCA), Moscow, Russie en 2003, puis à la Galerie nationale Tretiakov en 2006, et sa nomination en tant que membre honoraire à l'Académie des beaux-arts de Russie en 2008.

Erik Boulatov peint avec réalisme des rues, des cieux, des paysages que scandent des phrases, des mots en larges lettres colorées. Dès 1970, la présence de l'écriture est omniprésente dans son œuvre. Les slogans traversent la toile dans un effet de perspective et de symétrie. Ils font référence à l'esthétique et à la propagande soviétiques. «Pour moi, le tableau représente le modèle de l'univers. Sa place se trouve entre moi et le monde extérieur qui n'a rien de fiable : tout vogue, se transforme, il n'y a rien sur quoi s'appuyer. Il n'y a que le tableau qui peut servir d'appui sûr et c'est pourquoi je me tourne vers lui pour essayer de donner une structure au chaos de l'univers qui m'entoure», explique-t-il dans *Tableau et peinture* (Jannink Éditions, coll. «L'art en écrit», 2008).

Biographie
Né en 1933 à Sverdlovsk, dans l'Oural, Erik Boulatov vit et travaille à Paris.

Биография
Эрик Булатов родился в 1933 году в Свердловске (ныне Екатеринбург). Живет и работает в Париже.

Liberté, 1992
Huile sur toile
155 x 295 cm

Liberté, 1992
Холст, масло
155 x 295 см

Эрик Булатов изучал искусство в Московском государственном художественном институте им. В. И. Сурикова, где строгие порядки не допускали упоминания имен Малевича, Кандинского и Шагала. В 1988 году состоялась первая персональная выставка Эрика Булатова в Кунстхалле в Цюрихе, а затем и в центре Помпиду в Париже. В том же году он участвовал в Венецианской биеннале. В 2009 году Музей современного искусства в Женеве устроил его большую персональную выставку.

Вместе с Ильей Кабаковым, Виктором Пивоваровым и другими художниками Эрик Булатов входил в так называемую «группу Сретенского бульвара» и, как большинство ее членов, принадлежит к московской концептуальной школе. В советские годы Булатов вместе с Олегом Васильевым работал как детский иллюстратор, однако его живописное творчество относится очевидно к «неофициальному искусству». При советской власти Эрик Булатов считался «нонконформистом». В современной России признание к художнику пришло поздно и было отмечено первой ретроспективной выставкой в Москве в Государственном центре современного искусства в 2003 году и в Государственной Третьяковской галерее в 2006 году; в 2008 году он был избран почетным членом Российской Академии художеств.

На картинах Эрика Булатова – реалистично написанные пейзажи, служащие фоном для лозунгов, составленных из больших цветных букв. С начала 1970-х годов надписи присутствуют практически во всех его работах. Эти лозунги пересекают холсты по законам перспективы и симметрии, в духе советской пропагандистской эстетики. «Для меня картина – это модель Вселенной. Ее место – между мной и внешним миром, в котором нет ничего устойчивого: все течет, все преобразуется, не на что опереться. И только картина может стать надежной опорой. Вот почему я к ней возвращаюсь,

Comprendre la signification de la lumière et le choix des couleurs est indispensable pour saisir la complexité de l'œuvre d'Erik Boulatov. Le bleu symbolise la liberté et le rouge l'interdiction. Le noir et le blanc sont également très utilisés dans des tableaux plus abstraits comme ses globes oculaires quasi psychédéliques. Par deux fois, l'artiste s'est inspiré du musée du Louvre : dans *la Joconde I* (1997), on perçoit le célèbre tableau en arrière-plan, derrière une foule de touristes peints en rouge vif. Dans *Liberté* (1992), les deux protagonistes du chef-d'œuvre d'Eugène Delacroix sont doublement encadrés par le mot «Liberté». Le décor, réduit au dépouillement d'une brume abstraite, est éclairé aux couleurs du drapeau français. Au Louvre, Erik Boulatov présente une seconde toile, plus récente, *Black Night, White Snow*. L'œuvre, structurée en deux parties se reflétant l'une dans l'autre à la manière d'un miroir, se résume à l'écriture du titre, en lettrage noir sur fond blanc et inversement blanc sur fond noir dans la partie inférieure du tableau.

чтобы структурировать тот хаос, который меня окружает», – пишет он в книге «Картина и живопись» (Jannink, 2008). Чтобы осознать сложность творчества Булатова, необходимо понимать значение света и выбора цветов. Синий символизирует свободу, а красный – запрет. Черный и белый также часто используются в его более абстрактных работах. Дважды в своем творчестве художник черпал вдохновение и в Лувре: в «Джоконде» (1997) знаменитая картина теряется на заднем плане за толпой туристов, силуэты которых выписаны ярко-красным цветом. В «Liberté» (1992) центральные фигуры композиции Эжена Делакруа с обеих сторон обрамлены словом «Liberté», а фоном служит абстрактная дымка цветов французского флага. В Лувре Эрик Булатов представил и другую картину «Черный вечер, белый снег» (2000). На этой картине отражаются друг в друге, как в зеркале, две части заголовка – черными буквами на белом вверху и белыми на черном внизу.

Black Night, White Snow
2000
Huile sur toile
200 x 200 cm

Черный вечер, белый снег
2000
Холст, масло
200 x 200 см

ALEXANDER BRODSKY
Александр Бродский

Emmanuelle Lequeux ❧ *Эммануэль Лёкё*

Un architecte de papier... Voilà ce qu'a longtemps été Alexander Brodsky, architecte que la domination du style soviétique interdit de réalisation propre jusqu'au début des années 1990. Diplômé de l'Institut d'architecture de Moscou en 1978, il fut contraint pendant des années à imaginer des projets utopistes, présentés dans des musées et centres d'art. C'est au cours de la décennie 1980-1990, alors qu'il travaille pour une agence publique produisant à la chaîne des bâtiments formatés, qu'il développe ses architectures de papier, en collaboration avec l'artiste Ilya Utkin. De Nicolas Ledoux à Le Corbusier, tous ses confrères en rêverie l'inspirent. Avec la chute du régime, Brodsky voit enfin s'offrir à lui des possibilités de construire. Il réalise pour la Biennale de Venise de 2006 une cité saisie dans une torpeur hivernale, puis compose l'aménagement du quartier de Vinzavod, ancienne usine de vin convertie en espace culturel.

Pour «Contrepoint», il réalise deux œuvres. L'une, présentée dans le jardin des Tuileries, consiste en un pavillon en bois dont la silhouette ovale est jalonnée de portes et fenêtres recyclées : *Rotunda II*, œuvre datant de 2010, est prêtée par le musée d'Art contemporain de Perm. Chaque ouverture a son histoire, son identité, et semble ouvrir sur un univers propre, venant nourrir d'énigmatique l'élégance classique de ces jardins à la française. Brodsky a déjà construit autour d'un lac moscovite toute une série de ces édifices écologiques, qui revendiquent une technologie pauvre et semblent railler les exercices de style de l'architecture mondialisée. Au sein même du Louvre, il propose une seconde pièce, *Paysage d'hiver*, avec laquelle il s'écarte de sa pratique d'architecte pour mettre en scène une longue table, ornée d'objets en terre crue semblant recouverts de neige.

Biographie
Né en 1955 à Moscou, Alexander Brodsky vit et travaille à Moscou.

Биография
Александр Бродский родился в 1955 году в Москве. Живет и работает в Москве.

Архитектор по образованию, Александр Бродский не мог реализоваться профессионально в эпоху господства советского стиля – вплоть до начала 1990-х годов. По окончании в 1978 году Московского архитектурного института, он был преимущественно занят созданием утопических проектов, которые экспонировались в музеях и выставочных залах. В течение 1980–1990-х годов, работая в государственной организации, штампующей стандартные здания, он вместе с художником Ильей Уткиным творил «бумажную архитектуру». Его вдохновляли идеи архитекторов прошлого, авторов идеальных, воображаемых построек – от Леду до Ле Корбюзье. С падением режима Бродский наконец обретает возможность строить. Для Венецианской биеннале 2006 года он создал городок, охваченный зимней спячкой, а затем обустроил квартал старого винзавода, превращенного в центр современного искусства. Для «Русского контрапункта» он предложил два произведения. Одно из них, размещенное в саду Тюильри, представляет собой деревянный павильон, овальный в плане, с регулярно расположенными дверьми и окнами: «Ротонда II» (2010, предоставлена Пермским музеем современного искусства). У каждой двери – своя история, своя индивидуальность, и кажется, что за ней откроется особая вселенная, придавая таинственность классической элегантности французского парка. Бродский уже построил на Клязьминском водохранилище серию «экологических» зданий, технологическая примитивность которых кажется насмешкой над стилевыми архитектурными изысками эпохи глобализации. В самом Лувре художник выставил вторую работу, не связанную с архитектурой: «Зимний пейзаж», образованный предметами из необожженной глины.

Rotunda II, 2010
Bois, verre peint et métal
444,8 x 451,6 x 664,1 cm

Ротонда II, 2010
Дерево, стекло, металл
444,8 x 451,6 x 664,1 см

OLGA CHERNYSHEVA
Ольга Чернышева

Pauline Guelaud ❧ *Полин Гело*

Photographe, vidéaste et également peintre, Olga Chernysheva est diplômée en 1986 de l'Académie de cinéma de Moscou et en 1996 de la Rijksakademie, académie royale des beaux-arts d'Amsterdam. Le Musée russe lui consacre deux expositions personnelles, «Pro-portions» en 1995 et «The Happiness Zone» en 2004. Artiste internationalement reconnue, elle participe à la Biennale de Venise en 2001 et à la Biennale de Sydney en 2006. En 2009, elle est l'invitée spéciale de la 3ᵉ Biennale de Moscou.

Olga Chernysheva réalise une œuvre sensible marquée par les changements sociaux et politiques de l'histoire récente de son pays. Elle photographie des scènes de la vie quotidienne, publiques ou intimes, et préfère à l'événement et au documentaire les instants saisis de pause, de contemplation, de méditation. Hautement nostalgique, son œuvre emprunte souvent à la tradition picturale de la première moitié du xixᵉ siècle, du romantisme allemand au réalisme russe. Au musée du Louvre, l'artiste présente *Russian Museum*, une vidéo réalisée en 2003 dans les collections du musée de Saint-Pétersbourg et exposée en 2006 à la Kunsthalle de Hambourg. Le film s'accompagne d'une série de dessins de petit format à la mine de plomb, reprenant certaines séquences du film. À l'instar de *Tretiakova*, tourné en 2002, les effets de caméra, de tournoiement et de flou accentuent la dramaturgie de cette œuvre filmée. L'impression de déambulation est renforcée par la présence des visiteurs dont les silhouettes se reflètent à la surface des œuvres. En 2009, Olga Chernysheva réalise *l'Intermittence du cœur*, vidéo titrée d'après une citation de Marcel Proust et qui s'inspire de l'œuvre *Encore, encore!* (1851-1852) de Pavel Fedotov.

Biographie
Née en 1962 à Moscou, Olga Chernysheva vit et travaille à Moscou.

Биография
Ольга Чернышева родилась в 1962 году в Москве. Живет и работает в Москве.

Russian Museum, 2003
Vidéo, 6 min

Russian Museum, 2003
Fusain sur toile
18 x 27 cm chaque dessin

Русский музей, 2003
Видео, 6 минут

Русский музей, 2003
Бумага, уголь
18 x 27 см каждый

Фотограф, автор видеофильмов, художник, Ольга Чернышева окончила в 1986 году Всесоюзный государственный институт кинематографии, а в 1996 году — Государственную Королевскую академию изобразительного искусства в Амстердаме. В Государственном Русском музее состоялись две ее выставки: «Про-Порции» в 1995 году и «Зона счастья» в 2004 году. Художник с международным признанием, она приняла участие в Венецианской биеннале 2001 года и в Сиднейской биеннале 2006 года. В 2009 году стала почетным гостем 3-й Московской биеннале.

В произведениях Ольги Чернышевой заметно влияние социально-политических коллизий недавней истории России. Она снимает повседневную жизнь, общественную и частную, и событиям предпочитает моменты пауз, созерцания, размышления. Ее исключительно ностальгическое искусство часто следует живописной традиции первой половины XIX века – от немецкого романтизма до русского критического реализма. В Лувре она представляет видеофильм «Русский музей», снятый в 2003 году. Этот видеофильм, посвященный санкт-петербургскому музею, был показан в 2006 году в Кунстхалле в Гамбурге. Отдельные эпизоды фильма повторены в серии небольших карандашных рисунков, также включенных в экспозицию. Как и в видеоинсталляции «Третьяковка» 2002 года, эффекты размытости и кругового движения камеры соотнесены с драматургией снимаемых произведений. Впечатление прогулки усиливается благодаря присутствию посетителей, силуэты которых отражаются на поверхности картин. В 2009 году Ольга Чернышева создает видео по мотивам картины Павла Федотова «Анкор, еще Анкор!» (1851–1852), цитируя в названии роман Пруста «Перебои сердца».

DUBOSSARSKY & VINOGRADOV
Дубосарский и Виноградов

୭ *Emmanuelle Lequeux* ୭ *Эммануэль Лёкё*

ixant allègrement *la Joconde* et *la Leçon d'anatomie* de Rembrandt, faisant valser *putti* et girafes, transformant Warhol en fauconnier, inventant des aliens à chihuahua, ce duo de peintres ne craint ni le kitsch ni le maniérisme : ils jouent de toutes les iconographies, s'inspirant aussi bien des grands maîtres de la Renaissance que des archétypes du style soviétique, de la publicité comme de la télévision. Formés tous deux à l'Académie des beaux-arts de Moscou, ces quinquagénaires commencent à travailler ensemble dès 1994. Très vite, ils sont remarqués sur la scène internationale, vendant le nouvel art russe à un marché avide de curiosités. Résolument figuratif, leur univers teinté d'une ironie très pop et d'un humour sarcastique est définitivement consacré par la 50ᵉ Biennale de Venise (2003), où ils dévoilent leur série intitulée « le Monde sous-marin ». Selon la critique d'art Olesya Turkina, ils y réalisent « la transmission thérapeutique du pathos de la peinture réaliste socialiste, qu'ils insèrent dans un nouvel espace médial, conforme à celui de la publicité et des magazines *people* sur papier glacé qui ont fait leur apparition en Russie à peu près au même moment que leur projet ». À « Contrepoint », ils sont représentés par une toile intitulée *Poetry*, qui dépeint une explosion de livres et de roses sur fond de cieux évoquant Tiepolo. Elle fait partie d'une de leurs premières séries, « Russian Literature » (1996), où les deux acolytes mettent en scène des ouvrages de Pouchkine, Nabokov ou Pasternak au sein de la nature.

Biographie
Vladimir Dubossarsky
(né en 1964 à Moscou)
et Alexander Vinogradov
(né en 1963 à Moscou)
vivent et travaillent à Moscou.

Биография
Владимир Дубосарский
родился в 1964 году в
Москве. Александр
Виноградов родился в 1963
году в Москве. Живут и
работают в Москве.

Этот арт-дуэт не боится ни китча, ни маньеризма, и смело смешивает «Джоконду» да Винчи и «Урок анатомии» Рембрандта, закручивая в вальсе путти и жирафов, а Энди Уорхола превращая в сокольничего. Их персонажи разнотипны и равно обнаруживают влияние великих художников Возрождения, визуальных штампов соцреализма и архетипов современных масс-медиа. Оба художника закончили Суриковский институт, работают вместе с 1994 года. К ним быстро пришла всемирная известность: на международном рынке, жадном до всего необычного, они с успехом продавали свои произведения – образцы нового русского искусства. Их абсолютно символичный мир, окрашенный поп-артовской иронией и саркастическим юмором, был с восторгом принят на 50-й Венецианской биеннале в 2003 году, где они представили живописную серию «Под водой». По мнению критика Олеси Туркиной, в этих картинах художники осуществляют «терапевтическую передачу пафоса соцреализма, помещая его в новое медиа-пространство – пространство рекламы и глянцевых журналов, появившихся в России практически одновременно с их проектом». Для «Русского контрапункта» художники предоставили полотно под названием «Поэзия», на котором изображен «взрыв» из книг и роз на фоне небес, подобных небесам Тьеполо. Это полотно входит в одну из живописных серий Дубосарского и Виноградова «Русская литература» (1996), где на лоне природы «позируют» книги Пушкина, Набокова и Пастернака.

Poetry
Série « Russian Literature »
1996
Huile sur toile
140 x 120 cm

Поэзия
Серия «Русская литература»
1996
Холст, масло
140 x 120 см

DMITRY GUTOV
Дмитрий Гутов

∾ *Camille Bouvet* ∾ *Камиль Буве*

Artiste et théoricien, Dmitry Gutov est diplômé en 1992 de l'Académie des beaux-arts de Russie de Saint-Pétersbourg. En 1994, il fonde l'Institut Lifshitz en hommage au philosophe marxiste de l'art Mikhail Lifshitz. Dmitry Gutov a participé à de nombreuses expositions collectives, dont «Russia!» (musée Guggenheim, New York, 2005) ou «Thaw: Russian Art. From Glasnost to the Present» (Chelsea Art Museum, New York, 2008).

À travers ses peintures, sculptures, installations, vidéos et photographies, Dmitry Gutov revisite le passé et la culture soviétiques. Dès 2007, il réutilise des barrières métalliques employées à l'époque soviétique pour clôturer des potagers privés. Il crée des sculptures qui reproduisent les lignes graphiques des manuscrits de Marx et Engels, des partitions de musique ou des dessins de Rembrandt (*Fence*, 2007 ; *Rembrandt's Drawings*, 2009). En 2009, il présente à la 3ᵉ Biennale de Moscou l'installation *Parallax*, constituée de cinq filets de protection superposés en hauteur dans une pièce et jonchés de matériaux divers. Vue du dessous, la composition devient une version tridimensionnelle d'un tableau suprématiste de Malevitch, dont l'organisation change dès que le visiteur se déplace.

Au musée du Louvre, l'artiste présente *Thaw* (le *Dégel*), une vidéo réalisée en 2006 qui s'inspire de l'œuvre éponyme du peintre paysagiste Feodor Vassiliev (1850-1873). Sur une musique de Chostakovitch, l'artiste tombe dans une boue sombre formée par la fonte des neiges. Par son titre, l'œuvre de Gutov fait référence au lent processus de libéralisation et de relâchement du contrôle idéologique vécu par le peuple et le monde artistique russes dès la fin des années 1950.

Biographie
Né en 1960 à Moscou, Dmitry Gutov vit et travaille à Moscou.

Биография
Дмитрий Гутов родился в 1960 году в Москве. Живет и работает в Москве.

Художник и арт-критик Дмитрий Гутов в 1992 году окончил отделение теории и истории искусства Российской Академии Художеств в Петербурге. В 1994 году он основал «Институт Лифшица», названный в честь марксистского философа искусства Михаила Лифшица. Дмитрий Гутов участвовал во многочисленных коллективных выставках, среди которых «Russia!» (музей Гуггенхайма, Нью-Йорк, 2005 и «Thaw: Russian Art. From Glasnost to the Present» (Chelsea Art Museum, Нью-Йорк, 2008).

В своих картинах, скульптурах, инсталляциях, видео и фотографиях Дмитрий Гутов пересматривает прошлое советской эпохи, ее культуру. С 2007 года он находится под впечатлением самодельных металлических заборов советской эпохи, служивших для ограждения дачных участков. Художник выполняет ряд скульптурных объектов, воспроизводящих в металле контуры музыкальных партитур, рукописей Маркса и Энгельса, рисунков Рембрандта (проект «Забор», Documenta, Кассель, 2007; «Рисунки Рембрандта», 2009). В 2009 году на 3-й Московской биеннале Гутов представляет «Параллакс» — инсталляцию из пяти слоев металлической сетки, закрепленной на разной высоте под потолком и на каждом из слоев он расставляет предметы. Если смотреть на эту конструкцию снизу, объекты складываются в трехмерную версию супрематического полотна Малевича, которое видоизменяется при перемещении наблюдателя.

В Лувре Дмитрий Гутов представляет видео «Оттепель» 2006 года, навеянное одноименным пейзажем Федора Васильева (1850–1873). Под музыку Шостаковича художник-актер падает в грязный талый снег. Название работы «Оттепель» напоминает о начале длительного процесса либерализации и ослабления идеологического контроля с конца 1950-х годов.

Thaw (le *Dégel*), 2006
Vidéo, 3 min 40 secondes

Оттепель, 2006
Видео, 3 минуты 40 секунд

Fedor Aleksandrovich Vassiliev, *le Dégel,* 1871, huile sur toile, 55,5 x 108,5 cm. Coll. Musée russe, Saint-Pétersbourg
Ф.А. Васильев, *Оттепель*, 1871, холст, масло, 55,5 x 108,5 см. Государственный Русский музей, Санкт-Петербург

ILYA & EMILIA KABAKOV
Илья и Эмилия Кабаковы

∾ *Marie-Laure Bernadac* ∾ *Мари-Лор Бернадак*

Ilya Kabakov suit l'enseignement de l'École d'art de Moscou et du département arts graphiques et illustration de l'Institut Sourikov. Il part à Graz (Autriche) en 1987 puis, après divers séjours en Europe, s'installe aux États-Unis. Emilia Kabakov étudie d'abord la musique à Dniepropetrovsk en 1966, puis fait des études de langues et de littérature à Moscou. Elle émigre en 1973 en Israël, puis s'installe comme commissaire et galeriste à New York. Dans les années 1960, Ilya Kabakov est illustrateur de livres pour enfants et adhérent à l'Union des artistes soviétiques, ce qui lui permet d'avoir un atelier pour continuer plus facilement son travail personnel. Il fait partie du groupe non conformiste Boulevard Sretensky avec Erik Boulatov, Viktor Pivovarov, Eduard Steinberg et Vladimir Yankilevski. Il peint alors des toiles monochromes, marron ou vertes, les deux couleurs caractéristiques des couleurs administratifs de l'époque soviétique, avec des textes et des objets domestiques. Dans les années 1970, il explore dans de nombreuses œuvres le thème de la mouche, à la fois symbole des vies humaines et des ordures. Il réalise en 1972-1975 l'album des *Dix Caractères*. Sa première exposition à Paris a lieu à la galerie Dina Vierny en 1973, puis il expose *C'est là que nous vivons* au Centre Pompidou en 1995 et devient très vite un artiste internationalement reconnu. Depuis les années 1990, Ilya et Emilia ont réalisé une centaine d'installations et leurs œuvres sont présentées dans les grands musées européens et américains. En 1993, ils représentent le pavillon russe à la Biennale de Venise et, en 1995, Ilya est nommé chevalier des Arts et des Lettres en France. Commencée comme une lecture critique de l'URSS s'exprimant par une vision d'un chantier déserté, inachevé, triste et gris, la démarche poétique et politique d'Ilya Kabakov prend un caractère plus universel, dénonçant avec humour la vanité de toute entreprise humaine et son caractère utopique.

Biographie
Ilya et Emilia Kabakov sont nés à Dniepropetrovsk, respectivement en 1933 et 1945. Ils travaillent ensemble depuis 1989 et vivent à Long Island (États-Unis).

Биография
Илья Кабаков родился в 1933 году в Днепетровске. Эмилия Кабакова родилась в 1945 году в Днепропетровске. Работают вместе с 1989 года, живут в Нью-Йорке (США).

Vertical Opera, 2000
Maquette en bois et esquisse
99,06 x 135,89 x 88,26 cm
Courtesy Galleria Continua
et galerie Thaddaeus Ropac

The Springboard for Icarus
2003
Maquette en bois
73,66 x 87 x 91,12 cm

Вертикальная опера, 2000
Макет из дерева и эскиз
99,06 x 135,89 x 88,26 см
Предоставлены Galleria Continua и галереей Thaddaeus Ropac

Трамплин для Икара
2003
Макет из дерева
73,66 x 87 x 91,12 см

Илья Кабаков окончил Московскую среднюю художественную школу, затем отделение графики Суриковского института. В 1987 году переехал в Грац (Австрия), жил в разных городах Европы, затем обосновался в США. Эмилия Кабакова окончила музыкальное училище в Днепропетровске в 1966 году, училась на филологическом факультете МГУ. В 1973 году она эмигрировала в Израиль, а в 1975-м переехала в Нью-Йорк, где стала куратором выставок и арт-дилером.
В 1960-е годы Илья Кабаков занимается иллюстрацией детских книг и вступает в Союз художников. От Союза художников ему выделяется мастерская, необходимая для творческой работы. В 1970-х вместе с Эриком Булатовым, Виктором Пивоваровым, Эдуардом Штейнбергом, Владимиром Янкилевским и другими он входил в так называемую «группу Сретенского бульвара» – объединение художников-нонконформистов. Именно тогда формируется его позиция в московском «неофициальном искусстве» как одного из лидеров московской школы концептуализма. Он становится известен как автор альбомов, в частности серии «Десять персонажей» (1972–1975), и «текстовых картин», окрашенных в цвета, столь характерные для эстетики советской повседневности, и снабженных речевыми комментариями и ассамбляжными вставками из бытовых предметов. Часто в 1970–1980-е годы главным персонажем произведений Кабакова становится муха – одновременно знак экзистенциальной драмы и символ вселенского мусора.
Впервые его работы были выставлены в Париже в галерее Дины Верни в 1973 году. В 1993 году Кабаков показал инсталляцию «Красный павильон» на территории павильона России во время Венецианской биеннале. В Центре Помпиду в 1995 году он выставил работу «Мы здесь живем». В 1995 году художник стал кавалером французского Ордена искусства и литературы. В 1990–2000-е годы Илья

42

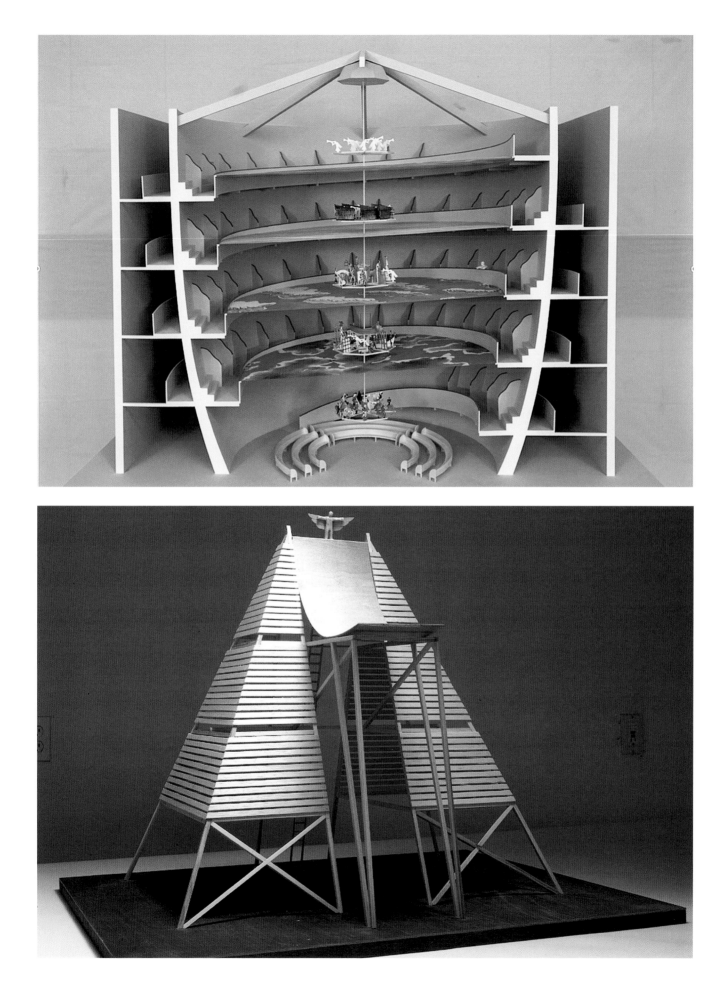

Pour répondre à l'invitation du musée du Louvre, les Kabakov ont proposé de présenter, dans l'espace du donjon médiéval, une sélection de leurs modèles d'architecture utopique et les dessins correspondants. Le visiteur pourra ainsi faire le tour de la base de cette tour moyenâgeuse découverte lors des fouilles archéologiques réalisées sous le musée, tout en regardant les projets de constructions imaginaires conçus par les artistes. Les fondations de l'ancien palais du roi Charles V symbolisent le passé du musée et les maquettes des Kabakov nous projettent vers l'avenir. Le thème de l'envol, représenté par le tremplin d'Icare, est un thème omniprésent dans leur œuvre. Il symbolise l'ascension puis la chute fatale du héros qui essaie de s'échapper de la banalité de la vie quotidienne, de prendre des risques. Les thématiques évoquées par ces maquettes évoquent tous les âges de la vie et diverses époques de l'humanité. Les préoccupations sociales et culturelles sont toujours présentes mais associées à des rêves d'espoir comme dans le *Monument à la tolérance*, proposé pour la BBC, ou la *Chambre des rêves*, destinée à lutter contre l'insomnie. Ces maquettes font voyager dans l'espace et le temps, franchir les escaliers de la vie humaine, ou bien se réfugier dans de sombres cryptes pour veiller les morts. Cette dernière demeure, avec ses anciennes murailles faisant écho à la crypte souterraine du musée, associe désormais les «ruines» du Louvre aux projets visionnaires des Kabakov.

Vertical Opera, 2000
Dessin préparatoire

Esquisse de l'installation
au donjon du Louvre, 2010

Вертикальная опера, 2000
Эскиз

Эскиз инсталляции в
донжоне Лувра, 2010

и Эмилия Кабаковы создали около сотни инсталляций, их работы находятся в коллекциях важнейших музеев Европы и Америки. Поэтически – и политически – творчество Ильи Кабакова началось с критического взгляда на советскую реальность, иногда предстающую в его инсталляциях в метафорической проекции: как заброшенная стройка, погруженная в серость и тоску. Но этот образ принимает глобальный характер, ведь художник указывает также и на тщетность любых человеческих устремлений.

В ответ на приглашение Лувра Илья и Эмилия Кабаковы предложили выставить в пространстве средневекового донжона модели утопической архитектуры и поясняющие рисунки к ним. Обходя основание средневековой башни, раскрытое в результате археологических раскопок, посетители рассматривают проекты созданных художниками воображаемых конструкций. Фундамент бывшего замка Карла V символизирует прошлое музея, а макеты Ильи и Эмилии Кабаковых направляют наш взгляд в будущее. Тема полета, представленная в виде трамплина Икара, прослеживается на протяжении всего их творчества. Он символизирует взлет и роковое падение героя, идущего на риск, чтобы вырваться из пошлости повседневной жизни. Темы, затронутые в этих моделях, касаются всех периодов жизни человека и различных эпох жизни человечества. В них звучат социальные и культурные мотивы, однако они объединены темой мечты и надежды, как, например, в работе «Памятник толерантности» для BBC или в «Комнате снов», назначение которой бороться с бессонницей. Эти макеты предлагают зрителю совершить путешествие во времени и пространстве, подняться по лестнице жизни или укрыться во мраке могильного склепа. Образ последнего пристанища с древними стенами перекликается с подземельем музея, устанавливая связь «руин» Лувра с визионерскими проектами Кабаковых.

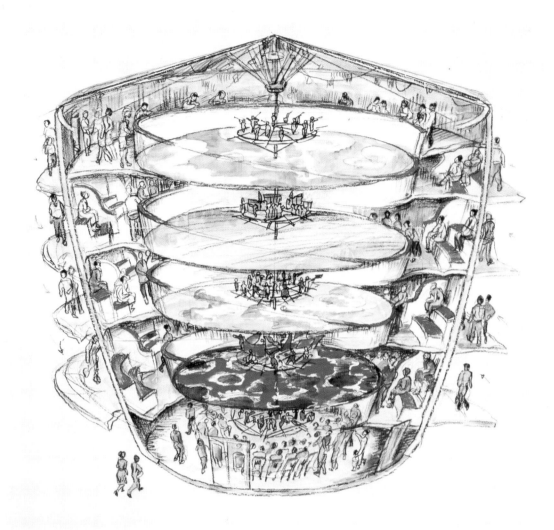

ALEXEI KALLIMA
Алексей Каллима

Marie-Laure Bernadac ❧ *Мари-Лор Бернадак*

Alexei Kallima, diplômé de l'école d'art de Krasnodar, quitte la Tchétchénie en 1994. À son arrivée à Moscou, il «devient» tchétchène et vit douloureusement une guerre qui va nourrir son imaginaire. Artiste pluridisciplinaire, travaillant aussi bien le dessin au fusain, la peinture que la performance, la vidéo ou le collage, son travail fait l'objet de nombreuses expositions. Il participe à la Biennale de Venise en 2009 et à celle de Moscou en 2005 et 2007.

Alexei Kallima est artiste invité en résidence au MAC/VAL en 2010, ce qui lui permet de réaliser son projet spécifique pour le Louvre : *Veuillez nous excuser, pour des raisons techniques l'exposition est repoussée.*

Sa formation à l'art réaliste a fait de lui un dessinateur talentueux, qui joue sur les effets de perspective anatomique, de trompe-l'œil, de plongée et contre-plongée, comme en témoignent ses séries de guerriers, d'athlètes ou, plus récemment, de parachutistes. Il a une prédilection pour le bleu et le rouge sépia, qui couvrent de grandes toiles monochromes au dessin précis et dynamique. Il réalise aussi des murs peints ou des toiles à l'encre invisible qui ne se voient qu'éclairés de façon intermittente par une lumière ultraviolette, faisant apparaître et disparaître les personnages. Les grands panneaux qui accueillent le visiteur à l'entrée du Louvre médiéval représentent une exposition en cours d'accrochage, avec les échelles, les ouvriers, les tableaux à déplacer et les murs en train d'être peints. Ce trompe-l'œil est un clin d'œil aux murs des remparts, au projet d'exposition en cours et aux équipes qui participent à son montage. Il témoigne aussi de son intérêt toujours renouvelé pour la collectivité, qu'elle soit sportive, militaire ou artistique.

Biographie
Né à Grozny en 1969, Alexei Kallima vit et travaille à Moscou.

Биография
Алексей Каллима родился в Грозном в 1969 году. Живет и работает в Москве.

Veuillez nous excuser, pour des raisons techniques l'exposition est repoussée
2010
Pastel et fusain sur toile
260 - 340 x 111 cm

Извините, по техническим причинам открытие выставки переносится
2010
Холст, пастель, уголь
260 - 340 x 111 см

Алексей Каллима, выпускник Краснодарского художественного училища, в 1994 году переезжает в Москву, где «становится чеченцем» и с болью в сердце следит за военными действиями, разворачивающимися в Чечне, что заметно отразилось на его творчестве. Талант художника многогранен: в его творческом арсенале рисунки углем, живопись, перформансы, видео и коллаж. Произведения Каллимы экспонируются на многочисленных выставках в галереях Москвы и Парижа. Он представляет работы в русском павильоне на Венецианской биеннале в 2009 году и на Московских биеннале 2005 и 2007 годов. В 2010 году Алексей Каллима приглашен в музей современного искусства MAC/VAL, благодаря чему осуществляет специальный проекта для Лувра «Извините, по техническим причинам открытие выставки переносится».

Пройдя крепкую выучку реалистического искусства, художник стал талантливым рисовальщиком, умеющим играть возможностями живописной иллюзии, перспективными искажениями человеческого тела, эффектами обмана зрения, – всех этих воображаемых «погружений и выныриваний», символом которых стали в его творчестве воины, атлеты и парашютисты. Он отдает предпочтение синему цвету и сепии, покрывая большие полотна четким и динамичным рисунком. Каллима создает фрески и написанные невидимыми красками картины, персонажи которых то появляются, то исчезают при изменчивом ультрафиолетовом освещении. Большие панно, встречающие посетителей у входа в средневековую часть Лувра, изображают подготовку к выставке: лестницы, рабочие, развеска картин, покраска стен. Это изображение, создающее иллюзию реальности, – привет художника и крепостным стенам, и проходящей выставке, и команде, работающей над ее подготовкой. Оно – о неослабевающем интересе творческого человека к понятию братства, будь то братство спортсменов, воинов или художников.

KOMAR & MELAMID
Комар и Меламид

Marie-Laure Bernadac ⟡ *Мари-Лор Бернадак*

Vitaly Komar et Alexander Melamid se rencontrent à l'école Stroganov d'art et de design de Moscou. Ils commencent leur collaboration en 1965. Sept ans plus tard, en 1972, ils fondent ensemble le mouvement Sots Art. Participants de l'exposition «Bulldozer» en 1974, ils émigrent en 1977 en Israël, puis à New York en 1978. Ils ont cessé leur collaboration en 2003.

Komar & Melamid retournent en Russie en 1992-1993 pour travailler sur *Monuments de la propagande*, une interrogation sur les ruines du totalitarisme et sur l'idéologie conformiste de la déconstruction postsoviétique. Puis, invités par l'Alternative Museum de New York, ils proposent un grand projet intitulé *le Choix du peuple* : une vaste enquête menée auprès de centaines de personnes de race, de sexe, de classe sociale différents pour tenter de connaître les goûts des gens dans le domaine pictural. Cet intérêt pour l'opinion populaire est une façon de critiquer l'idéologie de la «dictature du prolétariat». La première série sera montrée à New York, puis à Moscou et dans plus d'une dizaine de pays. Un questionnaire drôle et ironique est rédigé, portant sur le choix des couleurs, des motifs, des genres et des artistes favoris. D'après les résultats, ils ont peint le tableau idéal des Russes – un paysage – et le tableau le moins aimé – une composition abstraite rouge et noire, évoquant le suprématisme. Ils ont poursuivi cette exploration dans d'autres pays, avec le goût dominant des Français. À quelques variantes près, on retrouve des mêmes critères.

Cette enquête est une façon de dénoncer l'arbitraire et le peu de fiabilité des sondages d'opinion. Critique implicite aussi de la sociologie et de la démocratie, puisqu'il apparaît que tous les gens de tous les pays ont les mêmes préférences : la couleur bleue et les paysages.

Biographie
Vitaly Komar est né en 1943 à Moscou. Alexander Melamid est né en 1945 à Moscou. Ils vivent et travaillent à New York.

Биография
Виталий Комар родился в Москве в 1943 году. Александр Меламид родился в Москве в 1945 году. Живут и работают в Нью-Йорке.

Série «People's Choice» 1995, huile sur toile

Russia's Most Unwanted Painting 138 x 61,3 cm

Russia's Most Wanted Painting 51,2 x 61,5 cm

Серия «Выбор народа» 1995, Холст, масло

Самая нелюбимая русская картина 138 x 61,3 см

Самая любимая русская картина 51,2 x 61,5 см

Виталий Комар и Александр Меламид познакомились в Московском высшем художественно-промышленном училище. Работая совместно с 1965 года, в 1972 году они объявили о создании нового художественного стиля – соц-арта. В 1974 году художники принимают участие в Первом осеннем просмотре картин художников-нонконформистов «на открытом воздухе» («Бульдозерной выставке»). В 1977 году эмигрируют в Израиль, в 1978 году переезжают в Нью-Йорк. Их сотрудничество завершилось в 2003 году. Комар и Меламид вернулись в Россию в 1992–1993 годах для организации проекта «Что нам делать с монументальной пропагандой», призванного переосмыслить наследие советского искусства на развалинах тоталитаризма и конформистской идеологии. В 1994 году Alternative Museum (Нью-Йорк) предложил художникам осуществить проект «Выбор народа»: масштабное исследование, в котором приняли участие сотни людей различных рас, пола и социального положения, с тем, чтобы выявить свои предпочтения в области изобразительного искусства. Использование общественного мнения стало способом критики идеологии «диктатуры большинства». Первая часть проекта была показана в Нью-Йорке, затем в Москве и более чем в десяти странах. Для социологического опроса художники составили анкету, касающуюся выбора наиболее предпочтимых цветов, мотивов, жанров и стилей. По результатам исследования они создали «идеальное» полотно для россиян – классический пейзаж, и полотно, последнее по популярности – абстрактную красно-черную композицию в духе супрематизма. Они провели свое исследование и во Франции. С небольшими отклонениями результаты голосования оказались те же самые.
Исследование стало способом выступить против тенденциозности социологических опросов. Здесь также прослеживается скрытая критика социологии и демократии, поскольку, как оказалось, у граждан всех стран одинаковые предпочтения: цвет – голубой; жанр – пейзаж.

VALERY KOSHLYAKOV

Валерий Кошляков

≈ *Pauline Guelaud* ≈ *Полин Гело*

Valery Koshlyakov est diplômé en 1985 de l'école d'art Grekov, à Rostov-sur-Don. Il est membre du groupe Art or Death, qui réunit de jeunes artistes de Rostov-sur-Don entre 1986 et 1991, dont Avdei Ter-Oganyan et Yuri Shabelnikov. En pleine *perestroïka*, l'art est pour eux une question d'urgence. Sans compromis, il répond au déclin d'une culture obsolète, celle du régime soviétique. En 2004, la chapelle Saint-Louis de l'hôpital de la Pitié-Salpêtrière, à Paris, présente «Empire de la culture», exposition monographique de l'artiste. La même année, le MACRO, musée d'art contemporain de Rome, reçoit «Nuvola (Cloud)», exposition itinérante montrée l'année suivante à la Galerie nationale Tretiakov dans le cadre de la première Biennale de Moscou. En 2005, Valery Koshlyakov expose *Ikonuses. The Clothing of Spaces* au Musée russe de Saint-Pétersbourg. En 2006 et 2007, la Ludwig Galerie et le Kunstverein d'Oberhausen, ainsi que le Kunstverein de Baden-Baden présentent son exposition «Golden Age». En 2003, Valery Koshlyakov participe à la 50ᵉ Biennale de Venise au sein du pavillon russe.

Il réalise des œuvres majestueuses – peintures, sculptures, collages, installations –, inspirées par un idéal de civilisation. Son travail porte principalement l'empreinte du patrimoine gréco-romain, mais témoigne également de son intérêt pour la Renaissance italienne, l'architecture du siècle des Lumières, les églises russes, la cathédrale de Rouen… L'artiste travaille sur la fragmentation du motif, la déstructuration, la mémoire. Il peint sur de très grandes surfaces de cartons assemblés entre eux, dans une large gamme de gris, à l'appui de documents photographiques qu'il prélève dans des livres et des magazines. Les longues coulures maîtrisées caractéristiques de sa peinture donnent le sentiment d'une œuvre qui se désagrège, qui disparaît progressivement. Il réalise également des décors, des temples, à partir de matériaux

Biographie
Né en 1962 à Salsk, Valery Koshlyakov vit et travaille à Paris et Moscou.

Биография
Валерий Кошляков родился в 1962 году в Сальске Ростовской области. Живет и работает в Париже и Москве.

Le Louvre, 2010
Peinture sur carton
390 x 594 cm

Лувр, 2010
Живопись на картоне
390 x 594 см

Валерий Кошляков окончил в 1985 году Ростовское художественное училище им. М.Б. Грекова. В 1987 году он вошел в Товарищество «Искусство или смерть», объединение молодых ростовских художников, для которых в сложное время перестройки искусство играет первостепенную роль. Искусство Кошлякова этого периода – ответ на упадок советской культуры. В 2004 году в церкви при госпитале Сан-Луи в Париже проводится его персональная выставка «Империя культуры». В том же году в Музее современного искусства в Риме организована выставка «Облако», которая годом позже была представлена в Государственной Третьяковской галерее в рамках 1-й Московской биеннале. В 2005 году в Государственном Русском музее состоялась выставка Кошлякова «Иконусы. Одежда пространства». В 2006–2007 годах в Галерее Людвига в Оберхаузене и Кунстверейне Баден-Бадена – выставка «Золотой возраст». В 2003 году Валерий Кошляков представил свои работы в русском павильоне на 50-й Венецианской биеннале.

Вдохновленный идеалами цивилизации, он создает масштабные картины, скульптуры, коллажи и инсталляции. На его творчество повлияло и наследие античности, и итальянский ренессанс, и архитектура эпохи Просвещения, и русские церкви, и готика. Художник работает над фрагментацией сюжета, запечатлевает распад образа. Он рисует на огромных листах картона, используя богатую палитру серых оттенков, при помощи фотографий, которые находит в книгах и журналах. Длинные потеки на его картинах производят впечатление ветхости изображения, его постепенного исчезновения. Автор создает «декорации» из современных материалов – пластиковых мешков и пенопласта. Он работает также и с цветным скотчем и представляет в двух измерениях архитектурные памятники и шедевры живописи и скульптуры. В работах Валерия Кошлякова неод-

contemporains pauvres comme des sacs plastiques ou du polystyrène. Enfin, il travaille à partir de ruban adhésif coloré et représente ainsi en deux dimensions des intérieurs bourgeois ou des icônes de l'art. Valery Koshlyakov mentionne à plusieurs reprises le musée du Louvre, rendant hommage à sa façade et à ses chefs-d'œuvre. Il reproduit, entre autres, *Monna Lisa* en collage sur bâche en 2003 et à l'aérosol en 2007. Dans les fossés médiévaux, l'artiste présente une grande peinture spécialement conçue pour le musée et inspirée de son architecture. Valery Koshlyakov expose également un *Ikonus* et une *Tour* dans la salle de la Maquette. Sur le modèle des architectures utopiques, ces sculptures de petites dimensions font très explicitement référence à la célèbre tour de Vladimir Tatline. «J'ai hésité à qualifier mon travail d'utopique. Je ne recherche pas une utopie sociale, ni même une utopie politique ou architecturale... Je travaille sur le projet simple d'une utopie personnelle en tant que résidence de l'esprit», explique-t-il.

нократно возникает Лувр – как здание и как коллекция. Так, он воссоздал «Джоконду» – в виде коллажа на холсте в 2003 году и при помощи аэрозолей в 2007 году. В средневековых рвах музея художник представил большую картину, созданную специально для Лувра и вдохновленную его архитектурой. В Зале макета Валерий Кошляков показывает «Иконус» и «Башню». В этих небольших скульптурах, своего рода моделях утопической архитектуры, четко ощущается влияние знаменитой башни Владимира Татлина. «У меня были сомнения, считать ли свою работу утопией. Я не ищу ни социальной утопии, ни политической, ни архитектурной... Я работаю над простым замыслом персональной утопии как состояния духа», – говорит художник.

Ikonus, 1999
Carton et polystyrène
55 x 25 x 20 cm

Иконус, 1999
Картон и полистирол
55 x 25 x 20 см

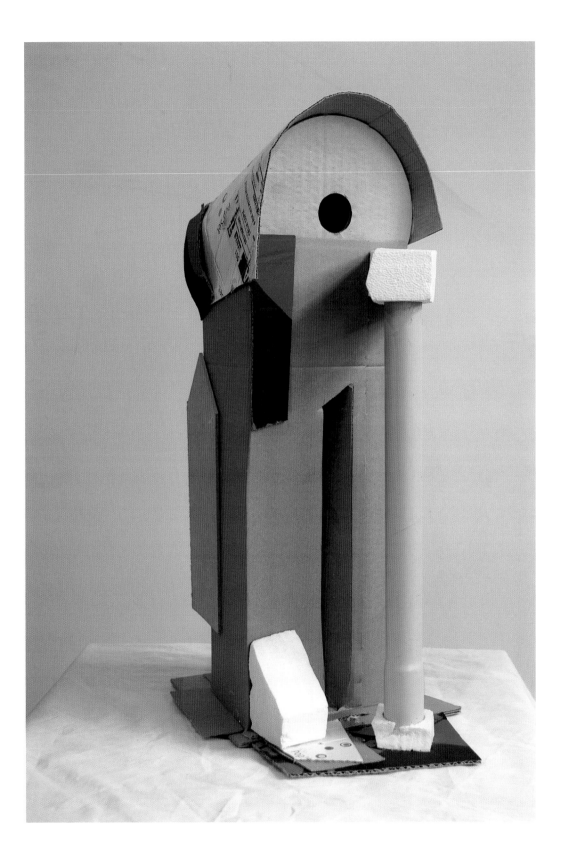

YURI LEIDERMAN

Юрий Лейдерман

❧ *Pauline Guelaud* ❧ *Полин Гело*

En 1987, alors qu'il achève une formation de chimiste, Yuri Leiderman fonde avec Pavel Pepperstein, Sergei Anufriev et Vladimir Fedorov le groupe Inspection herméneutique médicale. Il le quitte en 1991 et s'engage dans un travail personnel. Il est l'auteur de plusieurs ouvrages – prose, poésie, essai – et a été récompensé en 2005 par le prix littéraire Andrei Belyi en Russie. Connu en France à travers plusieurs expositions personnelles, au FRAC Champagne-Ardenne, au Creux de l'enfer (centre d'art contemporain de Thiers), au Quartier (centre d'art contemporain de Quimper), au musée d'Art contemporain à Marseille. Yuri Leiderman participe à la Biennale de Venise en 1993 et 2003, mais également à celles de Moscou (2007), de Sydney (1998), de Gwangju (1995) et d'Istanbul (1992). Son travail a également été exposé au National Centre for Contemporary Arts (NCCA) de Moscou en 2003 et 2010.

Constituée de performances, installations, dessins, images, objets et vidéos, son œuvre, poétique et ludique, agit par anticipation, par surprise. L'artiste veut échapper aux conventions artistiques, aux attentes du musée et du public, au désir de compréhension, d'interprétation, de classification.

En brouillant les pistes, en mêlant tout, l'artiste établit de nouveaux schémas relationnels, des systèmes de pensée vains, des modes combinatoires infinis. La performance proposée par Yuri Leiderman pour le Louvre s'inscrit dans la continuité de sa série « Geopoetics ». Dans le donjon médiéval, deux femmes habillées en costume folklorique coupent des centaines de choux, légumes traditionnellement consommés par les gens pauvres lors du carême orthodoxe. En arrière-plan est accroché le chapeau de d'Artagnan, dans une opposition entre « l'historisme élégant et artificiel » et « la stupidité rayonnante des archaïques ». Cet épisode est tiré du livre d'Ivan Chmelev, *l'Été seigneur*, relatant les souvenirs d'enfance d'une famille traditionaliste.

Biographie
Né en 1963 à Odessa, en Ukraine, Yuri Leiderman vit et travaille à Berlin et à Moscou.

Биография
Юрий Лейдерман родился в 1963 году в Одессе. Живет и работает в Берлине и Москве.

Geopoetics-15
Vidéo
Performance au musée du Louvre
13 octobre 2010

Геопоэтика-15
Видео
Перформанс в Лувре
13 октября 2010

В 1987 году, окончив Московский химико-технологический институт, Юрий Лейдерман вместе с Павлом Пепперштейном и Сергеем Ануфриевым основал группу Инспекция «Медицинская герменевтика». Он вышел из состава группы в 1991 году и начал работать самостоятельно. Лейдерман – также писатель и поэт, в 2005 году он был удостоен премии Андрея Белого. Юрий Лейдерман известен во Франции по ряду выставок, прошедших в региональном центре современного искусства провинции Шампань-Арденн, центрах современного искусства «Creux de l'Enfer» в Тьере и «Quartier» в Кемпере, а также в Музее современного искусства в Марселе. Он – участник Венецианской биеннале в 1993 и 2003 годах, Московской биеннале в 2007, а также биеннале в Сиднее (1998), Кванджу (1995) и Стамбуле (1992). Его работы также выставлялись в Государственном центре современного искусства в 2003 и 2010 годах.

Поэтическое и игровое начало в творчестве художника, состоящего из акций и инсталляций, рисунков, объектов и видео, производит сильное впечатление, провоцируя и удивляя. Художник стремится выйти за пределы эстетических конвенций и не намерен потакать ожиданиям музеев и публики, стремящихся к ясности интерпретации и классификации. Нарушая каноны, смешивая все возможные смыслы, художник испытывает парадоксальные схемы логических умозаключений, немыслимые дискурсивные вариации и бесконечные способы их комбинирования. Акция, предложенная Юрием Лейдерманом для Лувра, является продолжением его серии «Геопоэтика». В средневековом донжоне две женщины в народных костюмах режут капусту – традиционную еду во время православного поста. На заднем плане висит «шляпа д'Артаньяна», «щеголеватый пронырливый историзм» противопоставлен «лучезарной тупости архаики». Сцена рубки капусты заимствована художником из книги «Лето Господне» Ивана Шмелева – детским воспоминаниям писателя о православном быте патриархальной семьи.

DIANA MACHULINA
Диана Мачулина

❧ Camille Bouvet ❧ Камиль Буве

Diana Machulina étudie à l'Académie d'art de Stuttgart, en Allemagne (2002), puis à Moscou à l'Institut d'art contemporain (2003) et à l'Institut Sourikov (2004). Elle est aujourd'hui considérée comme l'un des représentants les plus prometteurs de la jeune génération d'artistes russes contemporains. En témoigne sa distinction comme «meilleure jeune artiste» par le jury du prix Kandinsky en 2008. Son travail a été présenté dans l'exposition «Sots Art» à la Maison Rouge à Paris (2007).

Dans ses peintures, objets et installations, Diana Machulina explore notre environnement quotidien pour mettre en évidence une réalité cachée, parfois sombre et angoissante. Ainsi, les natures mortes de la série «les Jolies Bricoles de Pandore» (2009) représentent des objets banals détournés pour devenir des armes terroristes ou d'autodéfense.

Au musée du Louvre, Diana Machulina présente une façade sculpturale du Kremlin de Moscou faite de gommes de couleur rouge brique, posées sur un socle en forme d'urne électorale. Devant sont disposés des bulletins de vote et des crayons pour les remplir. Cette œuvre est la pièce centrale de l'installation *l'Âme en caoutchouc*, exposée pour la première fois à la galerie Stanislas Bourgain, à Paris, à l'occasion de l'élection présidentielle russe de 2008. L'installation était complétée par des sculptures en gomme et des dessins figurant des symboles de la Russie contemporaine sous forme de tatouages, très usités dans le milieu carcéral russe, et par des dessins «gommés» représentant des scènes de résistance au pouvoir souvent masquées par les médias en Russie. Pour Diana Machulina, la gomme devient la métaphore de l'effacement de toute individualité et de toute opinion critique à l'égard du pouvoir.

Biographie
Née en 1981 à Lugansk, en Ukraine, Diana Machulina vit et travaille à Moscou.

Биография
Диана Мачулина родилась в 1981 году в Луганске на Украине. Живет и работает в Москве.

L'Âme en caoutchouc, 2008
Gommes, crayons, papier
170 x 75 cm

Резиновая душа, 2008
Стирательные резинки, бумага, карандаши
170 x 75 cm

Диана Мачулина окончила художественную академию в Штутгарте (2002), училась в Москве в Институте проблем современного искусства (2003) и в Суриковском институте (2004). Сегодня Диану Мачулину считают одной из самых интересных российских художников молодого поколения. Она была отмечена жюри премии Кандинского в 2008 году в номинации «Молодой художник года». Ее работы были представлены на выставке «Соц-арт» в галерее «Maison Rouge» в Париже (2007).

В своих картинах, скульптурных объектах и инсталляциях Диана Мачулина обращается к привычной действительности с целью выявить тайные, подчас тревожные стороны этого мира. Так, натюрморты из серии «Прелестные вещички Пандоры» (2009) состоят из обычных предметов быта, которые превращаются в оружие террористов или средства самообороны.

В Лувре Диана Мачулина представляет фасад московского Кремля, выложенный из ластиков кирпично-красного цвета, фундаментом которого служит избирательная урна. Перед макетом Кремля лежат бюллетени для голосования и карандаши. Кремль из стирательных резинок стал центральным элементом инсталляции «Резиновая душа», представленной в Париже в галерее Станисласа Бургена и посвященной президентским выборам в России 2008 года. Помимо Кремля, инсталляция включала выполненные из ластиков и булавок объекты – готовые инструменты для нанесения татуировок с символикой современной России, а также «стертые резинкой» рисунки, представляющие сцены сопротивления власти, о которых часто молчат российские СМИ. Для Дианы Мачулиной стирательная резинка становится метафорой «стертой индивидуальности» и знаком критической позиции по отношению к власти.

56

IGOR MAKAREVICH & ELENA ELAGINA

Игорь Макаревич и Елена Елагина

Pauline Guelaud ∾ *Полин Гело*

Elena Elagina étudie au Collège d'art de Moscou de 1962 à 1967 et à l'institut pédagogique d'Orekhovo-Zuevo de 1972 à 1975. Elle se forme à la sculpture auprès d'Ernst Neizvestny de 1964 à 1976, puis à la peinture auprès d'Alisa Poret de 1967 à 1972. Parallèlement, elle travaille en tant qu'illustratrice pour la revue soviétique *Znanie-Sila*.

Igor Makarevich s'installe à Moscou en 1951 où il étudie aussi au Collège d'art de 1955 à 1962 puis à l'Institut cinématographique d'État de 1962 à 1968. Dans les années 1970, il travaille pour la télévision soviétique et en tant qu'illustrateur. Artiste pluridisciplinaire, il est considéré comme l'un des pères fondateurs de l'école conceptuelle moscovite.

En 1990, Elena Elagina et Igor Makarevich commencent leur collaboration. Dès 1979, ils sont membres du groupe Actions collectives, créé par Andrei Monastyrsky. Ils font également partie du Club des avant-gardistes (KLAVA) depuis sa création. Il s'agit de la première association d'artistes de Moscou officiellement déclarée en 1987.

En 2005, la Galerie nationale Tretiakov à Moscou consacre une importante rétrospective aux artistes, intitulée «Within the Limits of the Sublime». En 2009, ils participent à la Biennale de Venise. Cette même année, leurs œuvres, peintures, dessins, photographies et sculptures, sont accrochées au sein de la collection permanente du Kunsthistorisches Museum à Vienne, en pendants des œuvres de Bruegel, Dürer, Rembrandt, Snyders… Cette exposition in situ témoigne de la forte propension à la citation historique dans une œuvre ayant pour thème central l'utopie. La sculpture présentée au musée du Louvre, issue de la série «les Champignons de l'avant-garde», confirme cette imbrication des références. La tour de Tatline repose sur une amanite symbolisant le mythe fondateur de la Russie, elle-même portée par quatre figurines de porcelaine.

Biographie
Elena Elagina (née en 1949 à Moscou) et Igor Makarevich (né en 1943 à Trialeti, en Géorgie) vivent et travaillent à Moscou.

Биография
Елена Елагина родилась в 1949 в Москве. Игорь Макаревич родился в 1943 в Триалети, Грузия. Живут и работают в Москве.

Iron Mushroom, 2008
Métal et faïence
153 x 72 cm

Железный гриб, 2008
Металл, фаянс
153 x 72 см

Елена Елагина в 1972–1975 годах училась в Орехово-Зуевском педагогическом институте. В 1967–1972 брала уроки живописи у Алисы Порет. В 1964–1976 годах работала вместе со скульптором Эрнстом Неизвестным. В 1969–1978 делала иллюстрации для журнала «Знание – сила». Игорь Макаревич учился во Всесоюзном государственном институте кинематографии в 1962–1968 годах. В 1970-е годы работал художником на телевидении. Этого многогранного художника считают одним из основателей московской концептуальной школы.

Сотрудничество Елены Елагиной и Игоря Макаревича началось в 1990 году. С 1979 года они являются членами группы «Коллективные действия», созданной Андреем Монастырским, а также состоят в «Клубе авангардистов» (КЛАВА) с момента его основания в 1987 году.

В 2005 году Государственная Третьяковская галерея организовала большую ретроспективную выставку Елагиной и Макаревича «В пределах Прекрасного». В 2009 году художники приняли участие в Венецианской биеннале. В том же году их работы – живопись, графика, фотографии и скульптуры – были показаны в Музее истории искусств в Вене среди картин Брейгеля, Дюрера, Рембрандта, Снейдерса. Эта выставка под названием «In Situ» продемонстрировала интерес художников к цитированию памятников истории искусства и акцентировала центральную тему их творчества – тему утопии. Представленная в Лувре скульптура из серии «Грибы русского авангарда» свидетельствует об этом наслоением цитат: знаменитая «Башня III Интернационала» В. Татлина покоится на шляпке мухомора, который символизирует основополагающий миф о России, у основания которого – четыре фарфоровые скульптуры.

Для Средневекового Лувра Игорь Макаревич и Елена Елагина создали новую инсталляцию под названием «Неизвестные разумные силы». Она

Igor Makarevich et Elena Elagina ont également produit une nouvelle installation dans les fossés du Louvre médiéval intitulée *les Forces irrationnelles de l'inconnu*. Cette œuvre consiste en quatre échelles posées le long du mur entre lesquelles sont accrochées trois lettres en néon rose et au pied desquelles sont dispersées une cinquantaine de paires de chaussures. Comme ils l'expliquent dans leur note d'intention : «Le fondement de cette installation est l'écrit de Konstantin Eduardovich Tsiolkovski (scientifique, astronome, créateur, penseur et précurseur de la construction des fusées) au sujet d'une étrange apparition lumineuse de trois lettres latines *r A y* dans le ciel. Dans un premier temps, le scientifique ne parvint pas à décoder le sens de ce mot. Puis il comprit que cela signifiait "le paradis" en russe, mais écrit en alphabet latin. Tsiolkovski travaillait alors sur un projet de Nicolai Fedorov (philosophe utopique, précurseur du Cosmos russe, qui a influencé Tolstoï et Dostoïevski) de résurrection des morts en créant un engin interplanétaire, libérant ainsi la terre d'une surpopulation annoncée.» Le thème de l'utopie est dans la continuité des installations conçues par les artistes dans leurs derniers projets : *l'Affaire commune*, *l'Idée russe* et *les Champignons de l'avant-garde*. Cette installation montre que les illusions peuvent être fatales ou difficiles à conquérir. Dans les récits bibliques, l'échelle symbolise l'ascension au ciel et le passage dans un autre espace. Le spectateur doit se poser la question en voyant cet amas de chaussures : est-ce un miracle ou une tragédie ?

представляет собой поставленные вдоль стены четыре лестницы, между которыми – три светящиеся розовым неоном буквы, а у основания разбросано более сотни пар обуви. Из текста авторов: «В основе инсталляции – запись Константина Эдуардовича Циолковского (ученого, астронома, творца и мыслителя, основоположника современной космонавтики) о странном свечении в небе трех латинских букв «r A y». Ученому не сразу удалось расшифровать значение увиденного. Потом он понял, что это было слово «Рай», написанное по-русски, но латинскими буквами. В то время Циолковский работал над проектом Николая Федорова (философа-утописта и основоположника русского космизма) по воскрешению мертвых землян и пытался изобрести межпланетный корабль, который мог спасти Землю от грядущего перенаселения.
Инсталляция продолжает утопическую тематику, которую мы развивали в своих последних проектах («Общее Дело». «Русская Идея», «Грибы Авангарда»).
В своей работе мы повествуем о неизбежности иллюзий и о той высокой цене, которую за это приходиться платить.
Лестница с библейских времен является символом восхождения на небо, проникновением в иное пространство. Горы оставленной обуви должны породить в зрителе сомнение: с последствием чего мы имеем дело – чуда или трагедии?»

Elena Elagina
Lepeshinskaya's Manuscripts
1996
Bois, gesso, aquarelle, gouache
33 x 26 cm

Елена Елагина
Рукопись Лепешинской
1996
Дерево, грунтовка, акварель, гуашь
33 x 26 см

Чаша Лица

Яйцо, наполненное и закупоренное, ставим в чашу, содержащую золу или тонкий песок. Некоторые философы вместо песочной ванны употребляли ванну из грязи, которую бы нагревали серым огнём. Чаша Лица ставилась в специальный горн, называвшийся ата- нором - бессмертным, потому что огонь, разведённый один раз, должен был гореть до конца Делания.

Грибы.

Некоторые грибы обладают хорошими вкусовыми свойствами. А другие - расширяют сознание.

Яйцо. Под белой скор- лупой - жидкий, по- лупрозрачный белок. Внутри - зо- лотой шар - желток. Но положите яйцо в теп- ло - и через три не- дели из него вылу- пится чудесное творение природы - пушистый желтый Цыплёнок. Как же это происходит? Как возникает цып- лёнок из белково-жел- тковой слизи?

☿

☉

ANDREI MONASTYRSKY/ ACTIONS COLLECTIVES

Андрей Монастырский/ Коллективные действия

❧ *Camille Bouvet* ❧ *Камилль Буве*

Diplômé de philologie de l'Université d'État de Moscou, Andrei Monastyrsky est écrivain, poète, artiste et théoricien. À partir de 1970, il compose des pièces sonores minimalistes. Son travail est centré sur le texte et le son, éléments constitutifs de ses «action-objects» et de ses installations. Figure clé de l'école conceptuelle de Moscou, Andrei Monastyrsky a participé à de nombreuses expositions collectives, comme «Russia !» aux musées Guggenheim de New York (2005) et de Bilbao (2006). En 2003, son œuvre littéraire a été récompensée par le prix Andrei Bely.

En 1976, Andrei Monastyrsky fonde le groupe Actions collectives avec Georgii Kizevalter, Nikita Alekseev et Nicolai Panitkov. Le groupe organise des performances impliquant tant les artistes que le public. Aujourd'hui, il existe des descriptions et des commentaires documentés de ces performances, classés en 11 volumes intitulés «Escales hors de la ville».

La performance *Shvedagon to the Action "Scene of Action"* s'inscrit dans la série «Trips out of Town». Le 31 mars 1999, 35 spectateurs rejoignent le vaste champ enneigé de Kievogorskoe, près de Moscou. Les participants sont invités à traverser le champ en direction d'une banderole rouge où l'on peut lire en lettres blanches : «Note pour la performance "Lieu d'action"», en référence à une performance de 1979. Ils sont ensuite conviés à découper la banderole et à quitter le champ en conservant les morceaux de tissu. Les organisateurs déposent sur le sol une pièce de tissu portant l'inscription «Shvedagon pour la performance "Lieu d'action"». Cette bannière, invoquant le nom du premier lieu saint bouddhique de Birmanie, Shvedagon, est laissée comme une relique dans l'environnement naturel.

Biographie
Né en 1949 à Petsamo, dans le nord-ouest de la Russie, près de la frontière finlandaise, Andrei Monastyrsky vit et travaille à Moscou.

Биография
Андрей Монастырский родился в 1949 году в поселке Петсамо Мурманской области. Живет и работает в Москве.

Photographies documentaires de la performance *Shvedagon to the Action "Scene of Action"* Série «Trips out of Town», 1999 50 x 70 cm chaque photographie

Фотодокументация перформанса *Шведагон к акции «Место действия»* Серия «Поездки за город», 1999 Каждая фотография 50 x 70 см

Писатель и поэт, художник и теоретик искусства, Андрей Монастырский окончил филологический факультет Московского государственного университета. С 1970 года сочиняет минималистские звуковые композиции. Его работа сосредоточена на тексте и звуке – составных элементах его акций, объектов и инсталляций. Андрей Монастырский — одна из ключевых фигур московского концептуализма — участвовал во многих коллективных выставках, таких как «Russia!» в Музее Гугенхейма в Нью-Йорке (2005) и в Бильбао (2006). В 2003 году за заслуги в развитии литературы удостоен премии Андрея Белого.

В 1976 году Андрей Монастырский основал группу «Коллективные действия» вместе с Никитой Алексеевым, Георгием Кизевальтером и Николаем Панитковым. Группа организует акции, в которые вовлекаются и художники, и публика. На сегодняшний день описания акций и комментарии к ним составили основу 11 томов «Поездок за город» – сборников документации деятельности группы. Акция «Шведагон к акции «Место действия» входит в серию «Поездки за город». 31 марта 1999 года 35 зрителей пришли на обширное заснеженное Киевогорское поле близ Москвы. Участников пригласили пересечь поле в направлении красной растяжки с белой надписью: «Примечание к акции «Место действия», в память об акции 1979 года. Затем им предложили разрезать растяжку и уйти с поля, унося кусочки ткани. Организаторы положили на землю кусок ткани с надписью «Шведагон к акции «Место действия». Этот транспарант с названием главной буддийской святыни Бирмы был оставлен на природе в качестве реликвии.

PAVEL PEPPERSTEIN
Павел Пепперштейн

Pauline Guelaud ❧ *Полин Гело*

Pauline Guelaud ❧ *Полин Гело*

Fils d'Irina Pivovarova, écrivaine pour enfants, et du célèbre artiste et illustrateur Viktor Pivovarov, Pavel Pepperstein grandit dans un milieu extrêmement porteur, entouré des amis et collègues de ses parents, des artistes non conformistes des années 1970. Figure majeure de la jeune scène artistique russe, il étudie à l'Académie des beaux-arts de Prague de 1985 à 1987. Cette même année 1987, il fonde le groupe Inspection herméneutique médicale avec Yuri Leiderman, Sergei Anufriev et Vladimir Fedorov. Leurs recherches intellectuelles et plastiques, saluées par la critique comme un véritable phénomène, sont présentées en 2000 à l'École des beaux-arts de Paris, dans le cadre de l'exposition itinérante «Le Pôle du froid». Outre ses activités d'aquarelliste et de peintre, Pavel Pepperstein est aussi théoricien, écrivain, graphiste, rappeur et même photographe de charme conceptuel. En 2006, le Kunstmuseum de Bâle présente «Drawings», exposition personnelle de ses dessins, suivie en 2007 de «Landscapes of Future» à la Gallery of Modern Art de Vancouver, série également exposée dans le cadre de la 53ᵉ Biennale de Venise, au pavillon russe, en 2009.

L'œuvre de Pavel Pepperstein combine une multitude de sources en apparence hétérogènes, de l'imagerie enfantine à la fantasmagorie du surréalisme, du folklore russe des poupées et des *babouchkas* à la richesse de l'icône et au dépouillement du suprématisme… C'est une myriade de références mythologiques, philosophiques, psychologiques, littéraires et scientifiques, de symboles sacrés ou d'archétypes populaires qui s'interpénètrent dans son œuvre, avec onirisme, poésie et nostalgie. En 1993, Pavel Pepperstein réalise, en tant que membre de l'Inspection herméneutique médicale, la série «Empty Icons», sérigraphies retouchées aux tonalités sépia sur papier de soie. Des motifs des icônes anciennes, l'artiste ne retient que les trônes et les paysages escarpés, ôtant de l'image sacrée les

Biographie
Né en 1966 à Moscou, Pavel Pepperstein vit et travaille à Moscou et à Tel-Aviv.

Биография
Павел Пепперштейн родился в 1966 году в Москве. Живет и работает в Москве и Тель-Авиве.

Black Square with Curls
Série «From Mordor with Love»
2010
Acrylique sur toile
170 x 170 cm

Черный квадрат со спиралями
Серия «Из Мордора с любовью», 2010
Холст, акрил
170 x 170 см

Сын детской писательницы Ирины Пивоваровой и известного художника и иллюстратора Виктора Пивоварова, Павел Пепперштейн вырос в исключительно благоприятном окружении друзей и коллег родителей – художников московского «неофициального искусства» 1970-х. С 1985 по 1987 год он учится в Академии изящных искусств в Праге и уже в это время является значимой фигурой в среде художественной молодежи. В 1987 году вместе с Сергеем Ануфриевым, Юрием Лейдерманом и Владимиром Федоровым основал группу Инспекция «Медицинская герменевтика». Интеллектуальные и пластические искания молодых художников были восторженно встречены критикой, в 2000 году их работы были представлены в рамках передвижной выставки «Полюс холода» в Академии Художеств Парижа. Павел Пепперштейн — не только живописец и акварелист, но и график, теоретик, писатель, рэпер и фотограф. В 2006 году Художественный музей в Базеле представил его «Рисунки» – персональную выставку графических работ, а в 2007 году в Галерее современного искусства в Ванкувере прошла выставка «Ландшафты будущего», показанная в 2009 году в Русском павильоне на 53-й Венецианской биеннале.

В творчестве Павла Пепперштейна сочетается множество разнообразных источников, от детских фантазий до фантасмагории сюрреализма, от русского фольклора до православных икон и супрематического анализа. Мириады мифологических, философских, психологических, литературных и научных ссылок, священных символов и архетипов поп-культуры переплетаются в его творчестве с галлюцинациями, поэзией и ностальгией. В 1993 году Павел Пепперштейн – в составе группы «Медгерменевтика» – стал автором выставки «Пустые иконы». У старинных икон художники позаимствовали только престолы, архитектурные постройки и фрагменты пейзажей, убрав

The Black Square
(ecological version)
2010 - 2224

Чёрный квадрат с завитуш-
ками /адоптирован к потребностям
биосферы в 2224 году/

The Black Square
with spirals (adopted for the needs
of biosphere in the Year
2224.

P. Pepperstein, 2010

representations de la Vierge et des saints. En 2009, il réalise une centaine d'aquarelles, toujours dans la série «Landscapes of Future», ainsi que la bande-son qui l'accompagne. Ses projections utopiques des années 2000 à 4000 présentent une série de monuments mémoriels dont *The Antenna of Communication with Those Who Died, Constructed in the Year 2099* ou encore *Communism Spared Station "Jupiter", Erected in the Year 2737*.

Au musée du Louvre, Pavel Pepperstein présente quatre peintures de sa nouvelle série, «From Mordor with Love», exposée pour la première fois de juin à septembre 2010 à la galerie Regina à Londres. L'artiste se positionne dans un registre nouveau, totalement abstrait, opérant la rencontre improbable du carré noir de Kazimir Malevitch et du *zip* de Barnett Newman. La répétition concentrique du motif et l'emploi de couleurs vives évoquent, non sans humour, le psychédélisme des années 1970. Le Mordor est le nom du territoire de Sauron, l'ennemi juré du héros de la trilogie de J. R. R. Tolkien, *le Seigneur des anneaux*. Au centre de l'intrigue, les forces du bien et du mal s'affrontent pour remporter l'anneau. Ainsi, dans les peintures de Pavel Pepperstein, le Mordor naît de la juxtaposition des symboles contradictoires de superpuissances: l'étoile rouge soviétique (*Red Star*, 2010), le drapeau américain (*USA Square*, 2010) et l'Union Jack (*English Square*, 2010). En 2224, ainsi que mentionné dans *Square with Scrolls* (2010), les différents idéologiques et politiques s'uniront en un triangle cohérent.

образы Христа, Богородицы и святых. В 2009 году как продолжение серии «Ландшафты будущего», Пепперштейн пишет около ста акварелей и создает звуковую дорожку к ним. Его утопические проекты «2000 – 4000 годов» являются серией памятников-мемориалов, среди которых «Антенна для общения с умершими, построенная в 2099 году» или «Запасная стоянка коммунизма "Юпитер", сооруженная в 2737 году».

В Лувре Павел Пепперштейн представил пять картин из новой серии «Из Мордора с любовью», впервые показанной в 2010 году в Лондоне. Здесь художник предстает в новом образе – как абстракционист, устроивший случайную встречу «Черного квадрата» Малевича и «молний» Барнета Ньюмана. Повторение мотива спирали и использование ярких красок не без юмора напоминают о психоделике 1970-х. Мордор, как известно, – владения Саурона, заклятого врага героев трилогии Дж. Толкиена «Властелин колец». В основе сюжета – борьба сил добра и зла, стремящихся овладеть кольцом. В работах Павла Пепперштейна Мордор возникает из смешения символов противоборствующих сверхдержав: советской красной звезды («Red Star», 2010), американского флага («USA Square», 2010) и государственного флага Великобритании («English Square», 2010). Как указано в «Square with Scrolls» (2010), в 2224 году идеологические и политические силы составят правильный треугольник, подписью к которому станет «Из Мордора с любовью».

Red Cross and 4 Red Crescents
Série «From Mordor with Love»
2010
Acrylique sur toile
170 x 170 cm

Красный крест и 4 Красных полумесяца
Серия «Из Мордора с любовью», 2010
Холст, акрил
170 x 170 см

AVDEI TER-OGANIAN

Авдей Тер-Оганьян

Stanislas Colodiet *Станислас Колодье*

De 1988 à 1990, Avdei Ter-Oganyan, qui a étudié à l'école des beaux-arts de Rostov, est membre fondateur du groupe avant-gardiste Art or Death regroupant des artistes originaires de Rostov-sur-le-Don, dont Valery Koshlyakov. Il s'installe ensuite à Moscou dans le squat de la ruelle Tryokhprudny, dont il codirige la galerie, de 1991 jusqu'à sa fermeture en 1993. Entre 1995 et 1998, il fonde puis supervise les activités de l'École d'art contemporain de Moscou, qui forme une nouvelle génération d'artistes, connue plus tard sous le nom de «Groupe de Radek». En 1998, sa performance au Manège de Moscou fait scandale. Il invite le visiteur à lacérer à la hache des icônes industrielles. L'artiste souhaite parodier la dégénérescence moderniste, trop souvent provocante et iconoclaste. Il rappelle aussi qu'une photographie encollée sur bois n'est pas investie de la présence divine. Il est poursuivi en justice pour incitation à la haine religieuse. En 2002, il obtient l'asile politique en République tchèque.

Dans un dialogue avec l'histoire de l'art du xxᵉ siècle, Avdei Ter-Oganyan interroge les notions d'authenticité et de sacré dans l'art. Dans les années 1990, il désacralise et détourne les chefs-d'œuvre de nombreux artistes: Marcel Duchamp, Pablo Picasso, Jackson Pollock ou encore Andy Warhol.

Avdei Ter-Oganyan présente au Louvre quatre tableaux de la série «Radical Abstractionism» (2005), dans laquelle il parodie les abstractions géométriques des artistes constructivistes russes. Ces peintures sont accompagnées de légendes chocs et politiquement incorrectes, qui nous informent que ces œuvres commettent des actes proscrits par le code pénal russe. Par cette association, l'artiste détourne la symbolique de l'abstraction géométrique pour porter un regard critique sur la société russe.

Biographie
Né en 1961 à Rostov-sur-le-Don, Avdei Ter-Oganyan travaille entre Berlin et Prague.

Биография
Авдей Тер-Оганьян родился в 1961 году в Ростове-на-Дону. Живет и работает в Берлине и Праге.

Radical Abstractionism,
n° 5, n° 6, n° 7, n° 8
2005
Impression sur toile
150 x 100 cm chaque toile

Радикальный
абстракционизм,
№5, № 6, № 7, № 8
2005
Холст, печать
150 x 100 см каждая

В 1977–1983 Авдей Тер-Оганьян учился в Ростовском художественном училище им. М.Б. Грекова. В 1987 стал одним из основателей объединения молодых ростовских художников Товарищество «Искусство или смерть». В 1988-м он перебрался в Москву, где поселился в сквоте в Трехпрудном переулке. В 1991 году на чердаке своего дома вместе с друзьями открывает галерею, просуществовавшую до 1993 года. В 1995–1998 годах Тер-Оганьян становится одним из основателей и идейным лидером «Школы современного искусства». Эта школа сформировала новое поколение художников, которые позже вошли в группу «Радек». В 1998 году он выступил со скандальной акцией в московском «Манеже», где предлагал посетителям рубить топором репродукции икон, пародируя тем самым модернистский провокационный нигилизм и тягу авангардистов к иконоборчеству. По мысли художника, репродукция, наклеенная на доску не содержит божественного присутствия. В связи с этой акцией Тер-Оганьян был подвергнут судебному разбирательству и обвинен в разжигании религиозной розни. В 2002 году он получил политическое убежище в Чехии.

В диалоге с историей искусства XX века Авдей Тер-Оганьян ставит вопрос о таких понятиях, как аутентичность и сакральность. В 1990-е годы он ниспровергал и шаржировал «иконы модернизма» – работы Марселя Дюшана, Пабло Пикассо, Джексона Поллока, Энди Уорхола.

В Лувре Авдей Тер-Оганьян представляет четыре картины из серии «Радикальный абстракционизм» (2005), в которой пародирует абстракции русских супрематистов и конструктивистов. Беспредметные изображения сопровождаются шокирующими, неполиткорректными подписями, указывающими на то, что при их просмотре совершаются действия, запрещенные российским законодательством. Используя такие ассоциации, художник переворачивает символику геометрической абстракции, бросая критический взгляд на современное российское общество.

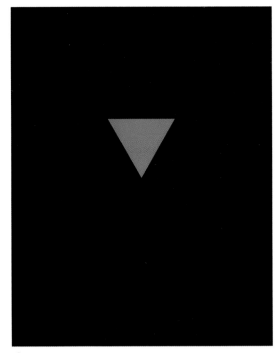

Это произведение направлено на унижение национального достоинства лиц русской и еврейской национальности.

Cette œuvre cherche à porter atteinte à la dignité des personnes de nationalité russe et juive.

Это произведение направлено на возбуждение религиозной вражды.

Cette œuvre a pour but d'éveiller l'hostilité religieuse.

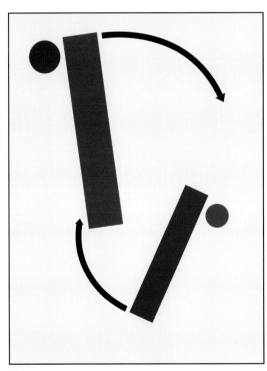

Это произведение призывает к насильственному изменению конституционного строя РФ.

Cette œuvre cherche à changer par la force le système constitutionnel de la Fédération de Russie.

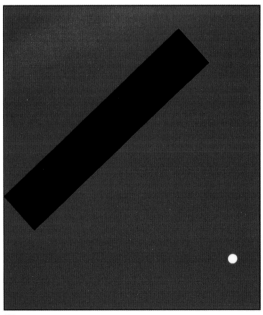

Это произведение призывает к посягательству на жизнь государственного деятеля В. В. Путина в целях прекращения его государственной и политической деятельности.

Cette œuvre incite à porter atteinte à la vie du membre du gouvernement V. V. Poutine afin de l'empêcher d'exercer des activités gouvernementales et politiques.

VADIM ZAKHAROV
Вадим Захаров

❧ Pauline Guelaud ❧ Полин Гело

V adim Zakharov est à la fois artiste, graphiste, éditeur, archiviste de la scène conceptuelle de Moscou et collectionneur. En 2006, la Galerie nationale Tretiakov lui consacre une rétrospective intitulée «25 Years on One Page». Cette même année, il reçoit le prix Innovation du «Best Work of Visual Art». Puis, il est lauréat du prix Kandinsky en 2009. L'artiste participe également à de nombreuses expositions collectives dont «Russia!» (musées Guggenheim de New York, 2005, et de Bilbao, 2006) et «Another Mythology» (National Centre for Contemporary Arts (NCCA), à Moscou, et Biennale de Venise, 2009).

Vadim Zakharov multiplie les références à l'histoire de l'art. En 2004, il réalise une installation constituée de cinq grands classeurs d'archivage que l'on peut visiter, chacun correspondant à un mouvement artistique russe du XXe siècle (*The History of Russian Art from the Russian Avant-Garde to the Moscow Conceptual School*). En 2007, en résidence à l'Académie américaine de Rome, il se livre à une série d'actions consistant à prélever les empreintes de saints et de confessionnaux à l'aide d'un petit bout d'argile : «J'étreignais et j'embrassais ces pierres presque dévastées par le temps, comme d'autres avaient pu le faire des siècles auparavant. Je m'emparais de cette folie qui liait le temps à la perception.» (catalogue *No Distance*, série «Touching the Sacrals», 2009). En 2008, il reproduit en volume les trônes des icônes, qu'il transperce de triangles rouges, symboles du suprématisme (*Saint Sebastian Suite*).

Au Louvre, Vadim Zakharov présente une nouvelle installation, *The End. Confession of a Contemporary Artist*. Coiffé à l'iroquoise, il se met en scène, dans la neige, lisant son texte. Il cite notamment l'extrait du journal d'un officier de 1812 confronté à l'horreur de la guerre et quittant la Russie. De part et d'autre de cette vidéo, des flammes sont projetées.

Biographie
Né en 1959 à Dushanbe, au Tadjikistan, Vadim Zakharov vit et travaille à Cologne et Moscou.

Биография
Вадим Захаров родился в 1959 году в Душанбе. Живет и работает в Кельне и Москве.

The End. Confession of a Contemporary Artist
2010
Installation vidéo

The End. Исповедь современного художника,
2010
Видеоинсталляция

Вадим Захаров – художник, график, коллекционер и архивариус московского концептуализма. В 2006 году в Государственной Третьяковской галерее состоялась ретроспективная выставка его работ «25 лет на одной странице»; в том же году художник был удостоен премии «Инновация» в номинации «Произведение визуального искусства». Вадим Захаров – лауреат Премии Кандинского 2009 года. Он принимал участие во многих коллективных выставках, в том числе «Russia!» (музей Гуггенхайма, Нью-Йорк, 2005; Бильбао, 2006), «Другая мифология» (Москва, 2009), Венецианская биеннале (2009).

Вадим Захаров не раз обращался к теме истории искусства. В 2004 году он создал инсталляцию «История русского искусства от русского авангарда до московской школы концептуализма», состоящую из пяти огромных офисных папок, в которые зритель мог зайти. Каждая папка посвящена одному из художественных течений русского искусства XX века. В 2007 году во время пребывания в Американской академии в Риме он провел акцию по снятию слепков с решеток исповедален римских церквей при помощи кусочка пластилина: «Я превратился (в Риме) в городского маньяка, трогающего все: я обнимал, целовал камни, почти стертые временем, как это уже проделывали другие одержимые много столетий тому назад. Их безумие передавалось мне, сокращая разрывы во времени и сознании» (каталог «No Distance», серия «Касание сакрального», 2009). В 2008 году он создал серию объектов, воспроизводивших престолы византийских икон, пронзенных красными треугольниками – символами супрематизма («Гарнитур «Святой Себастьян»).

В Лувре Захаров представляет новую инсталляцию – «The END. Исповедь современного художника». На видео художник в ирокезе сидит в снегу и читает текст-исповедь о роли современного художника в современном искусстве. В частности, он цитирует отрывки из дневников французских офицеров 1812 года, бегущих из России. По обе стороны видео проецируется изображения огня.

70

Vadim Zakharov, *Monologue sous la neige*
Pour l'installation «The End», musée du Louvre, 2010

«Je crois que mes réflexions portent la trace de la morosité, purement subjective, qui est mon lot ces dernières années. Peut-être est-ce tout simplement l'état d'âme d'un homme qui vient d'atteindre la cinquantaine et qui éprouve soudain de la lassitude et du dégoût envers tout et, plus particulièrement, envers l'art contemporain qui constitue son domaine professionnel. Dans cet espace qui est le mien depuis près de trente ans, j'ai de plus en plus froid. J'ai cessé de percevoir et de comprendre pourquoi et dans quel but je me consacre à l'art. Assurément, un homme intelligent dira que si je m'y consacre, c'est parce que j'en ai besoin pour moi-même. Cette remarque serait juste. C'est vrai. Et je vois bien que je ne bougerai pas de ce point, auquel je suis comme rivé.

Que s'est-il passé? Qu'est-ce qui a changé si brutalement? Peut-être est-ce le signe d'une crise artistique et personnelle, une crise que je ne désire pas comprendre. Mais faut-il vraiment la comprendre, l'évaluer, l'analyser? Ne serait-il pas plus simple de plonger mes pensées, dépliées comme un mètre, dans cette situation de solitude, de sonder cet abîme et d'en mesurer la profondeur en marquant çà et là des encoches comme autant de points de non-retour? Transformer cette descente en un tourbillon qui est celui de la chute libre. Sans but précis, rien que pour moi-même. J'ai froid. Le froid fait geler ces mots et ces lettres qui m'écorchent les poumons, la gorge, les lèvres. Il m'est difficile de parler de ce que je voulais dire. Et que voulais-je dire? Qu'il ne serait plus jamais possible de ressentir le processus de conception artistique comme un événement digne de la création du monde. Je voulais parler de cette fulgurance poétique éphémère qui te déplie dans toutes les directions telle la roue d'un paon, frémissant dans l'attente d'un miracle.

Oui, visiblement, je n'ai rien compris durant toutes ces années. Ou bien je n'ai pas voulu comprendre. L'espace de l'art contemporain m'apparaît de plus en plus étranger, mécanique, agressif et en même temps fade, faible et vide. Il est de plus en plus rare que je trouve en moi le désir d'entrer en contact avec qui que ce soit. De moins en moins d'espace intérieur, mais de plus en plus de lieux publics dédiés à la création. Galeries, musées, expositions pour tous les goûts. Choisis ou attends qu'on te choisisse. À moi, qui suis auteur, on propose un succédané d'espace de création. Au spectateur, on propose un produit, épuré de tout ce qui n'est pas stylé et neuf, de tout ce qui n'est pas à la mode. Je sens bien que l'on commence à me considérer comme un fabricant de divertissement. On m'a mis dans une catégorie: petit producteur. Et l'on ne veut plus me voir dans la dimension totale qui est celle de la liberté d'action.

Oui, il faut croire que tout ce que je dis a déjà été dit bien des fois. Au moins je parle dans les limites de mon propre travail. Je puis me permettre la tautologie, la répétition, le radotage, les formules passe-partout. Je suis assis sous la neige et j'ai froid. À quoi est-ce que je pense? À quoi bon toute cette mascarade? Ou bien est-ce un énième moyen de divertir les spectateurs et la communauté artistique? Pourquoi est-ce que je m'y prête? Voilà une bonne question. C'est par elle qu'il aurait fallu commencer. Il me semble que je suis pareil à un homme qui aurait abandonné quelque chose de très important, de très proche et, en même temps, je me sens dans la peau d'un soldat français de 1812 fuyant le froid et le feu. Je lis ses pensées et je vois ces images d'horreur qu'il a vues. Les voilà, dans toute leur nudité:

"Il faisait un froid tellement inouï que même les hommes les plus résistants avaient le corps gelé à un point tel que dès qu'ils s'approchaient du feu leurs chairs commençaient à se liquéfier, à se décomposer et ils mouraient. On pouvait voir un nombre incroyable d'hommes qui, à la place des doigts, des mains et des poignets, n'avaient plus que des os: toute la chair était tombée. D'autres perdaient le nez et les oreilles et mouraient en quelques heures. On aurait pu les prendre pour des hommes éméchés, des ivrognes: ils marchaient en titubant et en racontant des choses insensées qui auraient pu paraître amusantes si l'on ne savait que cet état annonçait la mort. Le froid extrême produit un effet similaire à l'extrême chaleur: les mains et le corps se couvrent de cloques remplies d'un liquide rougeâtre, elles éclatent et la chair se détache aussitôt. Parfois ils brûlaient: allongés trop près du feu, ils n'avaient plus la force de s'en écarter. On voyait des cadavres à demi brûlés. D'autres prenaient feu durant la nuit, semblables à des torches disposées çà et là pour éclairer le tableau de nos malheurs."

Oui, j'ai intercalé cette citation après avoir écrit mon texte et créé mon œuvre. C'est ainsi et je ne peux rien y changer. J'ai eu brusquement le sentiment qu'il manquait quelque chose, quelque chose de plus important que ma biographie personnelle, que mes pensées raidies par le froid. C'est tout à fait par hasard que je suis tombé sur ces notes d'officiers français qui fuyaient la Russie. J'y ai trouvé un écho de ce quelque chose encore inconscient, né dans les tréfonds de mon esprit et qui, depuis longtemps déjà, ne me laisse pas en paix. Oui, cette association ne me lâche pas, elle me tient et me tourmente. La fuite, la débandade, la disparition jusqu'à l'insensibilité.

Et je passe ma vie à fuir, je gèle de peur, tant je ne parviens pas à me comprendre, à comprendre ma culture. Et tout en courant, j'amasse des archives uniques sur mon époque. Mais quel est le but de cette course? Trente ans que je me déplace dans l'espace de la culture contemporaine. Est-ce peu, est-ce beaucoup? Cinquante ans de tentatives à comprendre, à croire, à s'apaiser, enfin.

Voilà que je suis tombé – ou que nous sommes tombés – dans un effrayant état de froid et de peur. On gèle et on brûle en même temps. L'anesthésie du froid, d'un côté, la douleur du présent et du passé qui nous brûlent le dos, de l'autre. En ce point absurde se rencontrent la culture, les archives et la vie. C'est là qu'a lieu le processus simultané de remémoration détaillée et d'amnésie totale. C'est là que naissent les mots et les phrases dont une moitié est brûlée et l'autre gelée. Les deux moitiés sont mortes. Et on ne peut plus les lire. Sans doute, le plus petit espoir permettrait de traduire même cette métamorphose monstrueuse, mais pas aujourd'hui. Tous les espoirs finissent également par geler et brûler sans rien laisser derrière eux. Je sens la chaleur dans mon dos, elle est de plus en plus forte, et je commence à croire que tout est corrigible, qu'il n'est pas trop tard pour tout recommencer. Mais devant moi ce sont les neiges infinies, les glaces et le froid de l'impossible retour, et mes pensées gelées comme le sont mes sentiments s'éparpillent en millions de fragments d'incompréhension totale.»

Вадим Захаров, *Монолог под снегом*
Для инсталляции «The End», Лувр, 2010 год

«Думаю, мои соображения навеяны чисто субъективным негативным настроем последних лет. Возможно, это и настроение человека, которому вдруг стало пятьдесят, и как-то все резко стало вызывать отвращение и скуку, особенно в той профессиональной области, к которой я принадлежу, в современном искусстве. Мне становится все холоднее и холоднее в пространстве, которому я посвятил уже тридцать лет. Я перестал что-либо чувствовать и понимать, ради чего я занимаюсь искусством. Наверно, умный человек скажет, что в первую очередь это надо мне самому. Да, это верное замечание. Да, это правильно. Да, я уже вижу, что не сдвинусь с этой точки, к которой мне сразу прибили ноги.

Что произошло? Что так вдруг резко изменилось? Возможно наступил творческий, личный кризис, и я не желаю этого понять? А нужно ли это оценивать, анализировать, понимать? Не проще ли погрузить в это состояние одиночества свои распрямленные, как линейка, мысли, измерить эту глубину, ставя тут и там зарубки окончательного невозвращения. Превратить это падение в вихрь свободного полета, не для чего, ради самого себя.

Мне холодно, мороз замораживает слова, буквы, которые режут мои легкие, горло, губы. Мне сложнее говорить о том, что я хотел. А о чем я хотел говорить? О том, что никогда уже не почувствовать творческий процесс как событие, достойное сотворения мира. О той поэтической мимолетной мысли, которая разворачивает тебя сразу на тысячи сторон, словно ты дрожащий в ожидания чуда павлиний хвост.

Да, видимо, я ничего не понял за эти годы. Или не захотел понять. Пространство современного искусства становится все более чужим, механизированным, агрессивным и одновременно пресным, слабым, пустым. Я все реже нахожу в себе желание вступать с ним в какие-либо отношения. Все меньше личного пространства, но все больше общественных мест для творчества. Галереи, музеи, выставочные предложения на любой вкус. Выбирай или жди, когда выберут тебя. Мне, автору, предлагают суррогат творческого пространства. Зрителю – продукт, очищенный от всего того, что не модно, не стильно, не ново. Ко мне, я это чувствую, начинают относиться, как к производителю продукта развлечения. Меня вставили в графу – мелкий производитель. Меня уже не хотят видеть во всем объеме непредсказуемой свободы действия.

Да, видимо, я говорю то, что уже сказано не раз. Но я говорю, по крайней мере, в границах собственной работы. Я могу себе позволить тавтологию, повтор, занудство, среднестатистическое высказывание. Я сижу в снегу и мне холодно. О чем же я думаю? Зачем этот маскарад. Или это очередная акция развлечения зрителей и артсообщества. Для чего я это делаю? Да, хороший вопрос. С него, пожалуй, надо было начать. У меня ощущения человека, покинувшего что-то очень важное, близкое, и одновременно чувство бегущего от холода и огня французского солдата 1812 года. Я читаю его мысли и вижу его картины ужаса. Вот они, во всей своей наготе :

«настал такой необычайный холод, что даже самые крепкие люди отмораживали себе тело до такой степени, что, как только они приближались к огню, оно начинало мокнуть, распадаться, и они умирали. Можно было видеть необычайное количество солдат, у которых вместо кистей рук и пальцев оставались только кости: все мясо отпало, у многих отваливались нос и уши, и по прошествии нескольких часов они гибли. Можно было их принять за пьяных или за людей «под хмельком»: они шли, пошатываясь, и говоря несуразнейшие вещи, которые могли бы даже показаться забавными, если бы не было известно, что это состояние было предвестником смерти. Действие самого сильного мороза похоже на действие самого сильного огня: руки и тело покрываются волдырями, наполненными красноватой жидкостью; эти волдыри лопаются, и мясо почти тотчас же отпадает. В других случаях они сгорали, лежа слишком близко к огню и не будучи в силах отодвинуться от приближающегося пламени; видны были наполовину обгоревшие трупы; другие, загоревшиеся ночью, походили на факелы, расставленные там и сям, чтобы освещать картину наших бедствий».

Да, да, я вставил эти цитаты уже после того, как написал свой текст и придумал свою работу. Так получилось, и я уже ничего не могу изменить. Мне вдруг показалось, что здесь не хватает чего-то более важного, чем моя личная биография, чем мои авторские замерзающие мысли. Я совершенно случайно обнаружил записи французских офицеров, бегущих из России. Я нашел там отголосок того еще неосознанного, что зародилось где-то в глубине моего сознания и уже давно не дает покоя. Да, эта ассоциация не отпускает, держит, волнует меня. Бегство, убегание, исчезновение до бесчувственности.

И я всю жизнь бегу, замерзая в страхе от непонимания самого себя, своей культуры, одновременно собирая по дороге уникальный архив своего времени. Но куда я бегу? Тридцать лет моих перемещений в пространстве современной культуры. Это много или мало? Пятьдесят лет попыток что-либо понять, поверить, успокоиться, наконец.

Я или мы попали в чудовищное состояние холода и жара. Замерзание и ожоги одновременно. Забвение от холода и боль от сгорающего за спиной настоящего и прошлого. В этой безумной точке сходятся культура, архив и жизнь. Здесь происходит процесс детального воспоминания и полной амнезии одновременно. Здесь рождаются слова и фразы, половина из которых сожжена, а другая замерзла. Обе половины мертвы. Их уже нельзя прочесть. Наверно, любая надежда была бы отличным переводчиком и этой чудовищной метаморфозы, но не сегодня. Все надежды также замерзают и сгорают, ничего после себя не оставляя. Я чувствую жар своей спиной все сильнее и сильнее, и мне начинает казаться, что все поправимо, и что еще не поздно начать сначала. Но передо мной бесконечный снег, лед и холод невозвращения и мои замерзшие мысли и чувства разлетаются на миллионы кусочков непонимания Всего.»

Textes d'intention des artistes
Тексты художников

AES+F GROUP

Europe-Europe

Le projet «Europe-Europe» se présente comme une fête du multiculturalisme, une utopie européenne, dans laquelle des représentants de différentes cultures et catégories sociales, parfois inconciliables dans la vie réelle, se rencontrent dans des scènes d'amour idylliques.

En travaillant sur ce projet plein d'ironie, il nous a semblé intéressant de nous tourner vers la tradition de la porcelaine européenne du XVIIIe siècle. Nous nous sommes inspirés de Watteau, Boucher et Fragonard – et en particulier, pour ce dernier, de sa série de gravures «l'Éducation du Dauphin».

Dans l'installation sont présentées sept statuettes de porcelaine : un manager européen dans une usine de jouets chinoise, une femme d'affaires sur un chantier avec un travailleur immigré, une jeune fille des services de police français avec un adolescent arabe de la banlieue parisienne, une jeune néonazie avec un jeune juif orthodoxe, des jeunes filles antimondialisation en pleine protestation avec un policier noir, un touriste européen en Thaïlande, un skinhead avec une jeune Turque à Berlin.

Les statuettes sont placées sur des étagères de verre avec un talon en miroir, dans une vitrine de bois conçue spécialement ; dans la partie inférieure de cette vitrine se trouve une boîte contenant sept esquisses. Toutes les statuettes de porcelaine sont fabriquées à Moscou.

Европа-Европа

Проект «Европа–Европа» являет собой торжество мультикультуризма, европейскую утопию, в которой представители разных культур и социальных страт, порой неприми римых в реальной жизни, встречаются в идиллических любовных сценах. В работе над этим ироничным проектом нам показалось интересным обратиться к традиции европейского фарфора XVIII века. Мы вдохновлялись работами Ватто, Буше и Фрагонара (и в частности, его циклом гравюр «Воспитание Дофина»)

В инсталляции представлены 7 фарфоровых статуэток: европейский менеджер на китайской фабрике игрушек, бизнес леди на стройке с гастарбайтером; девушка из французского полицейского спецназа с арабским подростком из предместий Парижа; девушка-неонаци с юношей-хасидом; девушки-антиглобалистки на акции протеста с чернокожим полицейским; европейский турист в Тайланде; скинхэд с девушкой-турчанкой в Берлине.

YURI ALBERT

Excursions

Les œuvres d'art ne sont pas accrochées aux murs, les œuvres d'art surgissent dans notre conscience, dans notre mémoire et dans notre imagination ; et le vrai spectateur n'est pas celui qui regarde, mais celui qui prend conscience, se souvient et imagine.

En 1988, j'ai commencé un projet consacré aux spectateurs et à la «vision» : une série d'excursions dans différents musées, au cours desquelles on bandait les yeux des visiteurs, pour qu'ils ressentent plus fortement leur «vision». Les participants invités étaient généralement des professionnels, artistes ou critiques d'art. Le guide prononçait un texte standard, comme pour les visiteurs ordinaires : «Regardez ceci, sur ce tableau vous pouvez voir cela…» La visite dure environ une heure, et pendant tout ce temps, les participants essaient d'imaginer ou de retrouver dans leur mémoire les chefs-d'œuvre décrits par le guide, tout en affrontant la peur de trébucher, de tomber ou de se cogner dans les murs. J'ai mené ces performances dans de nombreux musées, notamment dans la Galerie de peintures de Berlin, dans la Galerie nationale Trétiakov et dans le musée Ludwig à Keln.

Ces visites, comme toutes les autres performances, bien sûr, sont filmées en vidéo, mais les films produisent une impression étrange : la caméra chancelle, on aperçoit les pieds de quelqu'un, le plafond, des murs vides. Il semble que c'est un film d'aveugle. C'en est un, effectivement, puisque la caméra était portée par l'un des participants de la visite, qui ne voyait pas ce qu'il filmait et s'orientait seulement par rapport aux sons. La vidéo obtenue évoque le lien entre la performance et sa documentation, quand cette dernière est produite par l'un des participants dans le respect des conditions de la performance (yeux bandés, sans voir ce qu'il filme).

Экскурсия

Произведения искусства не висят на стене, произведения искусства возникают в нашем сознании, в нашей памяти и в нашем воображении, и настоящий зритель – не тот, кто смотрит, а тот, кто осознает, вспоминает и воображает.

В 1998 году я начал проект, посвященный зрителям и «зрительству»— серию экскурсий в разных музеях, во время которых у зрителей завязаны глаза, чтобы они сильнее ощутили свое «зрительство». Участниками обычно были приглашенные профессионалы – художники и искусствоведы. Экскурсовод произносил стандартный

текст, как для обычных посетителей: «По-смотрите туда-то, на этой картине вы ви-дите то-то». Экскурсия длится около часа и все это время участники пытаются вооб-разить или вспомнить те шедевры, о кото-рых им рассказывает экскурсовод, одно-временно борясь со страхом споткнуться, упасть, или врезаться в стенку. Подобные перфомансы проводились мною во многих музеях, в том числе в Берлинской Картин-ной галерее, Государственной Третьяков-ской Галерее и в Музее Людвига в Кельне. Эти экскурсии, как и любые другие перфо-мансы, конечно, снимаются на видео, но эти фильмы эти производят странное впе-чатление – камера шатается, видны то чьи-то ноги, то – потолок, то – пустые стены. Кажется, что снимал слепой. Так оно и есть – включенную видеокамеру держал один из участников экскурсии, и он не видел, что снимает, ориентируясь только на звук. Получившееся видео комментиру-ет отношение между перфомансом и его документацией – что получается, когда до-кументирует один из участников, соблю-дающий условия перфоманса (глаза завя-заны, и он не видит, что снимает).

One Minute

Je ne suis pas certain de pouvoir créer un art «grand» ou «authentique», que l'on pourrait montrer dans un musée. Ce qui résulte de tous mes efforts, ce n'est finalement qu'un «art contemporain». Je travaille habituellement avec un matériau visuel ou verbal ; dans ce pro-jet, en revanche, l'idée, le matériau principal sera le temps.

J'ai toujours été intéressé par l'idée d'une œuvre d'art qui n'existerait en tout et pour tout que pendant une minute. Comment peut-on com-presser une impression artistique puissante dans un laps de temps aussi bref qu'un éclair ? Quand on se trouve dans un bon musée, le temps fait toujours défaut, il y a toujours quelque chose que l'on n'a pas le temps de voir. Le mieux que je puisse proposer aux spectateurs, c'est un peu plus de temps pour l'art. Une minute au Louvre est l'œuvre la plus puissante et la plus esthétique que je puisse imaginer.

Одна минута

Я не уверен, что я могу создавать «Вели-кое» или «Настоящее» искусство (которое можно показывать в музее). Результатами всех моих усилий является всего лишь «со-временное искусство». Кроме того, обычно я работаю с визуальным или вербальным материалом, а в этом проекте главной идеей и материалом будет Время.

Меня всегда интересовала идея произведе-ния искусства, которое будет существо-вать всего одну минуту. Как можно спрес-совать мощное художественное впечатле-ние в столь короткий промежуток времени, подобный вспышке молнии?

Когда находишься в хорошем музее, време-ни всегда не хватает, чего-то всегда не успе-ваешь посмотреть. Лучшее, что я могу пред-ложить зрителям – немного больше време-ни на искусство. Одна минута в Лувре мощнее и художественнее любого произве-дения, которое я бы мог придумать.

VALERY KOSHLYAKOV

Projet pour le Louvre

Ma participation à l'exposition du Louvre recou-vre de façon idéale le thème de «l'énonciation de la culture», sur lequel je travaille depuis très longtemps. Ici, le Louvre lui-même s'érige en symbole (ou signe) de la culture. Pour faire mes habituels croquis d'après nature, j'ai choisi le rac-courci des posters-cartes postales. L'un des moments les plus importants est le passage du croquis au tableau. La couche supérieure de la toile est en carton gaufré, trouvé en milieu urbain et amassé sur le mur, et elle recrée l'architecture du bâtiment du Louvre. Ce n'est ni un tableau ni une fresque, mais plutôt une performance peinte d'une reproduction, où l'on obtient la distance d'éloignement du sujet. Est érigé en procédé technique original l'apparition d'un mirage sur le carton, c'est-à-dire l'absence de fragments architecturaux, la destruction de la couche supé-rieure cartonnée par des explosions, ou au contraire la reconstitution des détails perdus, à nouveau au moyen d'un pinceau.

Le carton permet d'imiter les «crevasses», qui reflètent la mémoire fragmentaire qu'est la culture. Le Louvre est un signe de culture et le carton, un matériau qui fait écho au rythme tré-pidant de la civilisation.

Проект для ЛУВРА

Участие в экспозиции Лувра почти идеаль-но ложиться на мою тему «высказывания о культуре», с которой я очень давно рабо-таю. Здесь в качестве символа (знака) культуры выступает сам Лувр. Делая обыч-ные наброски с натуры, я выбрал ракурс постера-открытки. Одним из важных мо-ментов является перевод наброска в кар-тину. Поверхностью картины служит гоф-рокартон, найденный в городской среде и собранный на стене в большую поверх-ность, воссоздающую архитектуру здания Лувра. Это уже не картина и не фреска, скорее живописная акция воспроизведе-ния, где достигается дистанция отчужде-ния от сюжета. Авторским техническим

приемом на картоне является возникновение миража, т. е. отсутствие фрагментов архитектуры, разрушение картонной поверхности разрывами или напротив восстановление утраченных деталей кистью заново. Картон позволяет имитировать «провалы», отражающие фрагментарную память культуры. Лувр – знак культуры, картон – материал, отражающий текущий ритм цивилизации.

YURI LEIDERMAN

Geopoetics-15 : variante du Louvre

« Je vois le village, depuis la profondeur des années, les voûtes de brique, dans le givre, les noirs pots de lait, les croix crayeuses… j'entends le charmant parfum de l'humidité, du gel fondu dans le poêle, du raifort et de l'aneth, de la fraîcheur languissante des cornichons… j'entends et je vois le passé, si serein, si familier, rajeuni par l'âme russe, gardé par la sainte Intercession. »

« Vingt charretées de choux, toute la cour en regorge : une montagne vert pâle, à couper et découper encore. Des auges de grosses planches, énormes, dix hachoirs découpent de chaque côté, écouter gaiement les engrais danser. Dans une auge on coupe le chou gris, et dans la nôtre le blanc. Là-bas on enlève les têtes trop vertes, on nous rend les feuilles du nôtre, et dans notre auge on jette le chou blanc, "laiteux". On l'appelle "l'auge du maître". Je murmure à Gorkine : "Et pourquoi c'est à eux qu'on donne le vert ?" Il me sourit malicieusement : "Je sais ce que tu penses… Il n'y a pas de raison de se vexer, petit. Le vôtre sera plus doux, et nous le préférons plus fort, avec de la moutarde, cela a plus de goût…

et quand il fermente, son souffle fend le cœur… le choux le plus réputé est le nôtre, le gris." »

L'épisode du livre d'Ivan Chmelev l'*Été seigneur* – des souvenirs d'enfance du quotidien orthodoxe d'une famille près de la Moskova – a été une source d'inspiration directe dans mon travail. Les traditionnalistes dans le genre de Chmelev ont pensé, bien sûr, que la chute de l'ancienne Russie s'était produite à cause de tous les étrangers – révolutionnaires et modernisateurs –, mais ils étaient loin d'imaginer que la faute venait de l'intérieur, de leur dévotion à l'odeur de chou.

Dans la première variante de ce travail, sur fond de hachage de chou traditionnel, je me proposais de placer un portrait de Jules Verne, l'un des chantres les plus inspirés de la révolution technique, de ses avions et de ses sous-marins. Puis, j'ai décidé de le remplacer par les couloirs labyrinthiques du Louvre de d'Artagnan – ou plus précisément, par son immense chapeau. Le dispositif de base du travail n'a par ailleurs pas été modifié : l'historisme élégant et artificiel contre la stupidité rayonnante des archaïques.

Геопоэтика-15 (Луврский вариант)

«Доселе вижу, из дали лет, кирпичные своды, в инее, черные крынки с молоком, меловые кресты … слышу прелостный запах сырости, талого льда в творило, крепкого хрена и укропа, огуречной томящейся свежести … – слышу и вижу быль, такую покойную, родную, омоленную душой русской, хранимую святым Покровом».

«Двадцать возов капусты, весь двор завален: бело-зеленая гора, рубить не перерубить. Корыта из толстых досок, огромные, десять сечек с каждого боку рубят, весело слушать туканье – как пляшут. В том корыте серую капусту рубят, а в нашем – белую.

Туда отбирают кочни позеленей, сдают листья с нашей, а в наше корыто кидают беленькую, «молочную». Называют – «хозяйское корыто». Я шепчу Горкину: «А им почему зеленую?» Он ухмыляется на меня:
– Знаю, чего ты думаешь… Обиды тут нет, косатик. Ваша послаще будет, а мы покрепче любим, с горчинкой, куда вкусней… и как заквасится, у ней и дух пронзей… самая знаменитая капуста наша, серячок-то».

Непосредственным инспиратором моей работы послужил эпизод из книги Ивана Шмелева «Лето господне» – детские воспоминания о православном быте замоскворецкой семьи. Традиционалисты подобные Шмелеву полагали, конечно, будто крушение старой России произошло по милости всяких чужаков – революционеров и модернизаторов, но отнюдь не изнутри собственного капустного благочестия. В первоначальном варианте работы на фоне русской народной рубки капусты я собирался поместить портрет Жюля Верна, одного из самых вдохновенных воспевателей технической революции, ее подлодок и самолетов. Потом я решил заменить его пробирающимся коридорами Лувра д'Артаньяном – точнее, его огромной шляпой. Основная диспозиция работы, впрочем, от этого не поменялась: щеголеватый пронырливый историзм против лучезарной тупости архаики.

ACTIONS COLLECTIVES

Shvedagon pour la performance « Lieu d'action »

L'un des organisateurs de la performance a

amené les visiteurs présents (35 personnes) à l'extrémité est du champ de Kievogorskoe : ils ont traversé l'ancienne région septentrionale du terrain, en empruntant un chemin de traverse, qui serpentait entre de petites maisons construites dans le champ. Quand les spectateurs sont arrivés à la position de départ, on leur a distribué des enveloppes de format A4 contenant des feuilles A3, composées à partir des matériaux préparés pour la performance «Lieu d'action» (1979), qui évoque la possibilité d'utiliser un chiffon rouge en guise de signal pour les spectateurs – dans la performance «Lieu d'action», cet élément n'était pas utilisé.

Pendant ce temps, sur l'extrémité opposée (occidentale) du terrain, les organisateurs de la performance ont déployé un drapeau rouge de 10 × 2,30 mètres, au milieu duquel se trouvait une inscription en lettres blanches : «NOTE pour la performance Lieu d'action» (le mot «note» en taille de police 654, et «pour la performance Lieu d'action» en 51). Dans le coin supérieur gauche du drapeau était écrit (en corps 101) «+ 100 mètres». Cette inscription attirait l'attention sur l'ampleur de l'abattage d'arbres (du côté occidental) survenu sur le terrain dans les années 1990.

On a proposé aux spectateurs d'avancer, à travers une terre vierge enneigée, jusqu'au drapeau rouge. La neige était épaisse, et il leur a fallu une vingtaine de minutes pour traverser le champ (400-500 mètres). Quand tous sont parvenus au drapeau, on l'a étendu sur la terre, et l'on a encouragé les spectateurs à découper avec des couteaux (qu'ils avaient été priés à l'avance d'apporter avec eux) des morceaux de tissu rouge, comme une factographie complémentaire du texte déjà contenu dans les enveloppes. Après cela, quand les spectateurs ont eu fini de dépecer le drapeau et quitté le lieu de l'action, les organisateurs de la performance ont posé dans la neige (là où le drapeau avait été découpé) un petit carré de chiffon rouge

(150 × 80 centimètres) sur lequel on pouvait lire l'inscription suivante, en lettres blanches : «Shvedagon pour la performance Lieu d'action», et ils ont quitté à leur tour le champ.

Champ de Kievogorskoe, 31 mars 1999

A. Monastyrsky, E. Elagina, N. Panitkov, I. Makarevich, S. Romachko, S. Hensguen, M. Konstantinova.

M. Rykline, A. Altchouk, N. Kozlov, I. Leiderman, I. Bakstein, Persty (2), M. Tchouikova, A. Filippov, N. Cheptouline, I. Ovtchinnikova, S. Letov, A. Panov, V. Salnikov, N. Kotel, Zouzi Frank, V. Stigneev, P. Chiskovski, M. Soudline, M. Orlova, A. Romanova, M. Fried et deux enfants, M. Ilioukhine, I. Korina, Maxime Gorelik, O. Alitpieva, V. Alitpiev, I. Jounina, E. Kovylina, N. Maguidova, E. Morozova, V. Voliak, O. Egorova.

Шведагон к акции «место действия»

Один из организаторов акции привел приехавших зрителей (35 человек) на восточный край Киевогорского поля (они шли по бывшему северному краю поля, по проселочной дороге, проложенной между построенных на поле дач). Когда зрители вышли на исходную позицию, им раздали конверты (А4) с вложенными листами (А3), смонтированными из подготовительных материалов к акции «Место действия» (1979), где речь идет о возможности использования красной тряпки в качестве сигнала для зрителей (в акции «Место действия» этот элемент не был использован).

К этому времени на противоположном (западном) краю поля организаторы акции развернули красное полотнище (10 м. x 2,30 м), посередине которого помещалась надпись красными буквами: «ПРИМЕЧАНИЕ к акции Место действия» (слово «примечание»- 654 кеглем, «к акции Место действия»

– 51 кеглем). В левом верхнем углу полотнища было написано (101 кеглем) «+ 100 метров». Эта надпись указывала на глубину вырубки леса (западной стороны), произведенной на поле в 90-е годы.

Зрителям было предложено двигаться через снежную целину к красному полотнищу. Снег был глубокий и пересечение поля (400 – 500 м.) зрителями заняло около 20 минут. Когда все собрались у полотнища, оно было расстелено на земле и зрителям было предложено отрезать от него ножницами (их заранее предупредили, чтобы они привезли с собой ножницы) куски красной ткани в качестве дополнительной фактографии к уже полученным текстам в конвертах. После того, как зрители разрезали полотнище и покинули место действия, организаторы акции положили на снег (там, где до этого лежало полотнище) небольшую красную прямоугольную тряпку (150 см x 80 см) с надписью на ней красными буквами «ШВЕДАГОН к акции Место действия» и ушли с поля.

Киевогорское поле, 31 марта 1999 г.

А. Монастырский, Е. Елагина, Н. Панитков, И. Макаревич, С. Ромашко, С. Хэнсген, М. Константинова.

М. Рыклин, А. Альчук, Н. Козлов, Ю. Лейдерман, И. Бакштейн, Перцы (2), М. Чуйкова, А. Филиппов, Н. Шептулин, Ю. Овчинникова, С. Летов, А. Панов, В. Сальников, Н. Котел, Зузи Франк, В. Стигнеев, П. Ширковский, М. Сидлин, М. Орлова, А. Романова, М. Фрид с 2 детьми, М. Илюхин, И. Корина, Максим Горелик, О. Алимпиева, В. Алимпиев, Ю. Жунина, Е. Ковылина, Н. Магидова, Е. Морозова, В. Воляк, О. Егорова.

Liste des œuvres
Список произведений

AES+F Group

Business Man Toy Factory
36,5 x 30,5 x 22 cm

Neo Nazi Girl Hasidic Boy
28 x 25,5 x 16 cm

Policewoman Arab Boy
28 x 25,5 x 16 cm

Série «Europe-Europe»
2007- 2008
Porcelaine
COLLECTION TRIUMPH GALLERY, MOSCOU

Yuri Albert

One Minute
Texte sur panneau à l'entrée
du musée, 90 x 95 cm
AVEC LE SOUTIEN DE LA STELLA ART
FOUNDATION

Excursion with Blindfolded Eyes
Vidéo de la performance
à la Galerie nationale Tretiakov
de Moscou, 15 juillet 2002
Vidéo de la performance
à la Galerie nationale Tretiakov
de Moscou, filmée avec les yeux
bandés, 15 juillet 2002

Excursion with Blindfolded Eyes
Vidéo de la performance au musée
du Louvre, 15 octobre 2010
Vidéo de la performance au musée
du Louvre, filmée avec les yeux
bandés, 15 octobre 2010
AVEC LE SOUTIEN DE LA STELLA ART
FOUNDATION - COPRODUCTION
MUSÉE DU LOUVRE

Blue Noses Group

Suprematic Subbotnik, 2004
Cinq photographies
50 x 65 cm chaque photographie
COLLECTION GALERIE IN SITU
FABIENNE LECLERC, PARIS

Erik Boulatov

Liberté, 1992
Huile sur toile, 155 x 295 cm
COLLECTION OLIVIER ET BERTRAND LORQUIN

Black Night, White Snow, 2000
Huile sur toile, 200 x 200 cm
COLLECTION DE L'ARTISTE

Alexander Brodsky

Rotunda II, 2010
Bois, verre peint, métal
444,8 x 451,6 x 664,1 cm
PRÉSENTATION RÉALISÉE EN COPRODUCTION
AVEC LE MUSÉE DE PERM, AVEC LE
SOUTIEN DU MINISTÈRE DE LA CULTURE,
DE LA POLITIQUE, DE LA JEUNESSE ET DES
COMMUNICATIONS DE LA RÉGION DE PERM.
COLLECTION PERMM MUSEUM
OF CONTEMPORARY ART, PERM
L'INSTALLATION A BÉNÉFICIÉ DU SOUTIEN
DU PERMM MUSEUM OF CONTEMPORARY ART

Paysage d'hiver, 2010
Métal, vitrine, objets en terre crue,
néon, 250 x 500 x 150 cm
COLLECTION DE L'ARTISTE
AVEC LE SOUTIEN DE LA STELLA ART
FOUNDATION

Olga Chernysheva

Russian Museum, 2003
Video HD, 6 minutes
COLLECTION GALERIE VOLKER DIEHL, BERLIN

Russian Museum, 2003
Dix dessins, 18 x 27 cm chacun
COLLECTION ARTICULATE ART FUND

**Dubossarsky
& Vinogradov**

Poetry, série «Russian Literature»,
1996
Huile sur toile, 140 x 120 cm
COLLECTION MARAT GUELMAN GALLERY,
MOSCOU

Dmitry Gutov

Thaw (le Dégel), 2006
Vidéo HD, 3 minutes 40 secondes
COLLECTION DE L'ARTISTE

Ilya & Emilia Kabakov

They have Departed, 2001
Maquette en bois
19,05 x 74,93 x 100,96 cm
Onze dessins préparatoires, 2000
9 dessins (21,5 x 27,8 cm),
1 dessin (28,7 x 42,6 cm),
1 dessin (7 x 13,5 cm)

Vertical Opera, 2000
Maquette en bois
99,06 x 135,89 x 88,26 cm
Sept dessins préparatoires, 2000
55 x 52 cm, 27,9 x 42,5 cm,

47,3 x 40,8 cm, 55 x 43 cm
(2 dessins), 27,7 x 21,4 cm (2 dessins)
Painting on the Floor, 2003
Maquette en bois
20,32 x 104,14 x 100,33 cm
Trois dessins préparatoires, 2000
2 dessins: 43 x 28 cm,
1 dessin: 80,5 x 108,5 cm

The House of Dreams, 2005
Maquette en bois
71,12 x 151,76 x 110,49 cm
Cinq dessins préparatoires
(28 x 43 cm) et une gravure
(52,2 x 67,5 cm), 2000

The Springboard for Icarus, 2003
Maquette en bois
73,66 x 87 x 91,12 cm
Deux dessins préparatoires, 2000
55,5 x 77,5 cm, 21,5 x 29,2 cm

Monument to Tolerance, 2002
Maquette en bois
72,39 x 55,88 x 52,07 cm
Cinq dessins préparatoires, 2000
2 dessins (65 x 49,8 cm), 2 dessins
(45,3 x 59,7 cm), 42 x 26,7 cm,
2 photographies (542,5 x 35 cm)

Five Steps of Life/The Arch of Life, 2002
Maquette en bois
71,12 x 125,1 x 107,95 cm
Cinq dessins préparatoires, 2000
102 x 82 cm, 27,9 x 43,2 cm,
28 x 19 cm, 7 x 42,8 cm,
15,2 x 22,9 cm
COLLECTION DES ARTISTES
COURTESY GALLERIA CONTINUA
ET GALERIE THADDAEUS ROPAC

Alexei Kallima

*Veuillez nous excuser, pour des
raisons techniques l'exposition
est repoussée*, 2010
Pastel et fusain sur toile
260 - 340 x 111 cm
COLLECTION DE L'ARTISTE
AVEC LE SOUTIEN DE LA STELLA ART
FOUNDATION - EN COLLABORATION AVEC
LE MAC/VAL

Komar & Melamid

Russia's Most Wanted Painting
51,2 x 61,5 cm

Russia's Most Unwanted Painting
138 x 61,3 cm

Série «People's Choice», 1995
Huile sur toile
COLLECTION ALEXANDER SMUZIKOV COURTESY
MARAT GUELMAN GALLERY, MOSCOU

Valery Koshlyakov

Ikonus, 1999
Carton et polystyrène, 60 x 30 cm
COLLECTION DE L'ARTISTE

Tour (maquette), 2010
Métal, 40 x 50 x 130 cm
COLLECTION DE L'ARTISTE

Le Louvre, 2010
Peinture sur carton, 390 x 594 cm
COLLECTION DE L'ARTISTE

Yuri Leiderman

Geopoetics-15, 13 octobre 2010
Vidéo
Performance au musée du Louvre
COLLECTION DE L'ARTISTE
AVEC LE SOUTIEN DE LA STELLA ART
FOUNDATION - COPRODUCTION
MUSÉE DU LOUVRE

Diana Machulina

L'Âme en caoutchouc, 2008
Gommes, crayons, papier
170 x 75 cm
COLLECTION GALERIE STANISLAS BOURGAIN,
PARIS

**Igor Makarevich
& Elena Elagina**

*Les Forces irrationnelles
de l'inconnu*, 2010
Néons, échelles, chaussures
COLLECTION DES ARTISTES
AVEC LE SOUTIEN DE LA STELLA ART
FOUNDATION

Iron Mushroom, 2008
Métal, faïence, 153 x 72 cm
COLLECTION DES ARTISTES
COURTESY GALERIE BLUE SQUARE

Andrei Monastyrsky

(dans une des actions du groupe
Actions collectives)

*Slogan
Approaching
Cutting the Red Cloth
Shvedagon*
1999/2010

Quatre photographies
documentaires de la performance
*Shvedagon to the Action
"Scene of Action"*

Série «Trips out of Town»
50 x 70 cm chaque photographie
COLLECTION DE L'ARTISTE
AVEC LE SOUTIEN DE LA STELLA ART
FOUNDATION

Pavel Pepperstein

The Flag of Mordor
150 x 200 cm

Red Cross and 4 Red Crescents
170 x 170 cm

Black Square with Curls
170 x 170 cm

Convertible Black Square
150 x 150 cm

Série «From Mordor with Love»
2010
Acrylique sur toile
COLLECTION REGINA GALLERY,
LONDRES ET MOSCOU

Avdei Ter-Oganyan

*Radical Abstractionism,
n° 5, n° 6, n° 7, n° 8*
2005
Impression sur toile
150 x 100 cm chaque toile
COLLECTION PERMM MUSEUM
OF CONTEMPORARY ART, PERM
COURTESY GALERIE MARAT GUELMAN,
MOSCOU

Vadim Zakharov

*The End. Confession
of a Contemporary Artist.*
2010
Installation vidéo
COLLECTION DE L'ARTISTE
AVEC LE SOUTIEN DE LA STELLA ART
FOUNDATION

Группа АЕС+Ф

Бизнесмен на фабрике игрушек
36,5 х 30,5 х 22 см

Еврей и девушка скинхэд
28 х 25,5 х 16 см

Французская полицейская
28 х 25,5 х 16 см

Серия «Европа–Европа»
2007-2008
Фарфор
Коллекция галереи «Триумф», Москва

Юрий АЛЬБЕРТ

Одна минута
Объявление у входа в музей
90 х 95см
При поддержке STELLA ART FOUNDATION

Экскурсия с завязанными глазами

Видеозапись перформанса в
Государственной Третьяковской
галерее, Москва, 15 июля 2002

Видеозапись перформанса в
Государственной Третьяковской
галерее, сделанная с
завязанными глазами, Москва,
15 июля 2002

Экскурсия с завязанными глазами

Видеозапись перформанса в
Лувре 15 октября 2010

Видеозапись перформанса в
Лувре, сделанная с завязанными
глазами 15 октября 2010
При поддержке STELLA ART FOUNDATION –
совместное производство с музеем Лувр

Группа «СИНИЕ НОСЫ»

Супрематический субботник
2004
5 фотографий, 50 х 65 см
Коллекция галереи IN SITU FABIENNE
LECLERC, Париж

Эрик БУЛАТОВ

Свобода, 1992
Холст, масло, 155 х 295 см
Собрание Оливье и Бертрана Лоркен

Черный вечер, белый снег, 2000
Холст, масло, 200 х 200 см
Коллекция художника

Александр БРОДСКИЙ

Ротонда II
2010
Дерево, стекло, металл
444,8 х 451,6 х 664,1 см
Выставлена при поддержке Пермского
музея и Министерства культуры,
молодежной политики и массовых
коммуникаций Пермского края.
Собрание PERMM MUSEUM, Пермь
создана при поддержке Пермского музея
современного искусства PERMM.

Зимний пейзаж, 2010

Металл, поликарбонат,
зеркальная пленка, лампы
галогенные, объекты из сырой
глины

250 х 500 х 150 см
Коллекция художника
При поддержке STELLA ART FOUNDATION

Ольга ЧЕРНЫШЕВА

Русский музей, 2003
Видео формата HD, 6 минут
Собрание галереи VOLKER DIEHL, Берлин

Русский музей, 2003
10 рисунков

18 х 27 см каждый
Собрание ARTICULATE ART FUND

Владимир ДУБОСАРСКИЙ
и Александр ВИНОГРАДОВ

Поэзия, серия «Русская
литература», 1996
Холст, масло, 140 х 120 см
Собрание галереи М&Ю Гельман, Москва

Дмитрий ГУТОВ

Оттепель, 2006
Видео формата HD, 3 минуты
40 секунд
Коллекция художника

Илья и Эмилия
КАБАКОВЫ

Они уехали, 2001
Макет из дерева
19,05 х 74,93 х 100,96 см
11 эскизов, 2000

21,5 х 27,8 см (9 рисунков);
28,7 х 42,6 см (1 рисунок); 7 х 13,5
см (1 рисунок)

Вертикальная опера, 2000
Макет из дерева и эскизы
99,06 х 135,89 х 88,26 см
эскиз, 2000

Картина на полу, 2003
Макет из дерева
20,32 х 104,14 х 100,33 см
3 эскиза, 2000
43 х 28 см (2 рисунка);
80,5 х 108,5 см (1 рисунок)

Дом мечты, 2005
Макет из дерева
71,12 х 151,76 х 110,49 см
5 эскизов (28 х 43 см); одна
гравюра (52,2 х 67,5) 2000

Трамплин для Икара, 2003
Макет из дерева
73,66 х 87 х 91,12 см
2 эскиза, 2000
55,5 х 77,5 см; 21,5 х 29,2 см

Монумент толерантности, 2002
Макет из дерева
72,39 х 55,88 х 52,07 см
5 эскизов, 2000
65 х 49,8 см (2 рисунка); 45,3 х 59,7
см (2 рисунка), 42 х 26,7 см;
2 фотографии (542,5х35 см)

Пять ступеней / Линия жизни, 2002
Макет из дерева
71,12 х 125,1 х 107,95 см
5 эскизов, 2000
102 х 82 см; 27,9 х 43,2 см; 28 х 19
см; 7х42,8 см; 15,2 х 22,9 см
Собрание художников
Предоставлены GALERIA CONTINUA и
галерея THADDAEUS ROPAC

Алексей КАЛЛИМА

*Извините, по техническим
причинам открытие выставки
переносится* , 2010

Холст, пастель, уголь,
260 - 340 х 111 см
Коллекция художника
При поддержке STELLA ART FOUNDATION, и
в сотрудничестве с музеем MAC/VAL

Виталий КОМАР и
Александр МЕЛАМИД

Самая любимая русская картина
51,2 х 61,5 см

*Самая нелюбимая русская
картина*
138 х 61,3 см
Серия «Выбор народа», 1995
Холст, масло
Из коллекции А.Смузикова
Предоставлены галереей М&Ю Гельман

Валерий КОШЛЯКОВ

Иконус, 1999
Картон и полистирол
60 х 30 см
Коллекция художника

Башня (макет), 2010
Металл
40 х 50х 130 см,
Коллекция художника

Лувр, 2010
Живопись на картоне
390 х 594 см
Коллекция художника

Юрий ЛЕЙДЕРМАН

Геопоэтика-15, 2010
Видеозапись
Перформанс в Лувре 13 октября
2010 г
При поддержке STELLA ART FOUNDATION –
совместное производство с музеем Лувр

Диана МАЧУЛИНА

Резиновая душа, 2008
Стирательные резинки, бумага,
карандаши, 170 х 75 см
Коллекция галереи STANISLAS BOURGAIN,
Париж

Игорь МАКАРЕВИЧ и
Елена ЕЛАГИНА

Неизвестные разумные силы, 2010
Неоновые лампы, лестницы,
обувь
Коллекция художников
При поддержке STELLA ART FOUNDATION

Железный гриб, 2008
Металл, фаянс, 153 х 72 см
При поддержке STELLA ART FOUNDATION
Коллекция художников
Предоставлен галереей BLUE SQUARE

Андрей МОНАСТЫРСКИЙ

в рамках акции группы
«Коллективные действия»

*Лозунг
Приближение
Разрезание красной ткани
Шведагон*
1999/2010

4 фотографии фотодокументация
акции «Шведагон» к акции

«Место действия»»
Серия «Поездки за город»

Каждая фотография 50 х 70 см
Коллекция художника
При поддержке STELLA ART FOUNDATION

Павел ПЕППЕРШТЕЙН

Флаг Мордора
150 х 200 см

*Красный крест и 4 Красных
полумесяца*
170 х 170 см

Черный квадрат со спиралями
170 х 170 см

*Конвертируемый черный
квадрат*
150 х 150 см
1999
Холст, акрил
Серия «Из Мордора с любовью»
Коллекция галереи «REGINA», Лондон
и Москва

Авдей ТЕР-ОГАНЬЯН

*Радикальный абстракционизм,
№ 5 , № 6, № 7, № 8*
2005

Холст, печать
Каждая работа 150 х 100 см
Собрание Галереи М&Ю Гельман, Москва

Вадим ЗАХАРОВ

*The END. Исповедь современного
художника*, 2010
Видеоинсталляция
Коллекция художника
При поддержке STELLA ART FOUNDATION

Cet ouvrage accompagne l'exposition

CONTREPOINT
**L'art contemporain russe, de l'icône
à l'avant-garde en passant par le musée**
organisée à Paris, musée du Louvre,
du 14 octobre 2010 au 31 janvier 2011.

COMMISSAIRE DE L'EXPOSITION
Marie-Laure Bernadac
Conservateur général
*Chargée de mission pour l'art contemporain
au musée du Louvre*
Assistée de Pauline Guelaud

Manifestation organisée dans le cadre
de l'Année France-Russie 2010 avec
le soutien de son comité de mécènes.
www.france-russie2010.fr

L'ANNÉE FRANCE-RUSSIE 2010
BÉNÉFICIE DU SOUTIEN D'UN COMITÉ
DE MÉCÈNES :

AIRFRANCE / · ALSTOM · arianespace · BNP PARIBAS

EADS · edf · GDF SUEZ · LAFARGE

MAZARS · PSA PEUGEOT CITROËN · RATP · RENAULT

SAFRAN · sanofi aventis · SNCF · SOCIÉTÉ GÉNÉRALE

THALES · TOTAL · VEOLIA ENVIRONNEMENT

L'ANNÉE FRANCE-RUSSIE 2010 EST
ORGANISÉE ET MISE EN ŒUVRE :

— **Pour la Fédération de Russie par**
le ministère des Affaire étrangères,
le ministère de la Culture, le ministère
du Développement économique,
le ministère de l'Éducation
et de la Science et l'ambassade
de la Fédération de Russie en France
Président du comité national d'organisation
Serguey Narychkine
Coordonateur national
Mikhaïl Chvydkoï

— **Pour la France par**
le ministère des Affaires étrangères
et européennes, le ministère de la Culture
et de la Communication, le ministère
de l'Économie, de l'Industrie et
de l'Emploi, le ministère de l'Éducation
nationale, le ministère de l'Enseignement
supérieur et de la Recherche,
le ministère de la Santé et des Sports,
l'ambassade de France en Russie
et Culturesfrance
Président du comité français d'organisation
Louis Schweitzer
Commissaire général
Nicolas Chibaeff

L'exposition a bénéficié du soutien de
LOUIS VUITTON

L'exposition et le catalogue ont été réalisés par
le musée du Louvre en coorganisation avec
le National Centre for Contemporary Arts
(NCCA), Moscou, et la Stella Art Foundation.

Ce catalogue a été réalisé grâce au soutien
de la Stella Art Foundation.

STELLA ART FOUNDATION

MUSÉE DU LOUVRE

Henri Loyrette
Président-directeur

Hervé Barbaret
Administrateur général

Catherine Sueur
Administratrice générale adjointe

Juliette Armand
Directrice de la production culturelle

EXPOSITION

Direction de la production culturelle
Service des expositions

Soraya Karkache
Chef du service

Sixtine de Saint-Léger
Chargée d'exposition

Direction architecture, muséographie,
technique

Alain Boissonnet
Directeur

Michel Antonpietri
Directeur adjoint

Clio Karageorghis
*Chef du service architecture,
muséographie et signalétique*

Carol Manzano
*Coordination, service architecture,
muséographie et signalétique*

Victoria Gertenbach
Scénographie

Marcel Perrin
Graphisme

Hervé Jarousseau
*Chef du service des travaux
muséographiques*

Xavier Guillot et Aline Cymbler
*Coordination, service des travaux
muséographiques*

Guillaume Danet
Conducteur de travaux électricité

COMMUNICATION

Anne-Laure Béatrix
Directrice de la communication

Laurence Roussel
Chargée de communication

Isabelle Deborne
Chargée des relations publiques

ÉDITION

AUTEURS

Mikhail Mindlin,
*directeur général du National Centre
for Contemporary Arts (NCCA), Moscou*

Marie-Laure Bernadac,
*conservateur général, chargée
de mission pour l'art contemporain
au musée du Louvre, Paris*

Irina Gorlova,
*directrice du département des programmes
artistiques du National Centre for
Contemporary Arts (NCCA), Moscou*

Pauline Guelaud,
*chargée de production pour l'art
contemporain au musée du Louvre*

Emmanuelle Lequeux,
Héloïse Cullet-Quéré, Camille Bouvet,
Stanislas Colodiet

Textes traduits par Télélingua et
Clémentine Hébrard, révisés en russe
par Elizaveta Sergeeva.

POUR LE MUSÉE DU LOUVRE

Direction de la production culturelle

Violaine Bouvet-Lanselle
Chef du service des éditions

Laurence Castany
Coordination et suivi éditorial

POUR LE NCCA

Alexandra Obukhova
Rédactrice

POUR TTM ÉDITIONS

Marie-Hélène Arbus
Editrice déléguée

Marion de Flers
Directrice des partenariats

Charlotte Ullmann
Chef de produit

Aurore Jannin
Conception graphique

Florelle Guillaume
Collecte de l'iconographie

Franck Antoni
Relecture et secrétariat de rédaction

Les photographies des installations
des artistes au musée du Louvre
et dans le jardin des Tuileries ont été
réalisées par Nicolas Dhervillers.

PRÊTEURS

Les œuvres exposées ont été généreusement
prêtées par les personnes privées
et les responsables des institutions
et établissements suivants :
Triumph Gallery, Moscou ;
galerie In Situ Fabienne Leclerc, Paris ;
Olivier et Bertrand Lorquin ; PERMM
Museum of Contemporary Art, Perm ;
galerie Volker Diehl, Berlin ; Lyuba
Galkina ; ARTiculate Contemporary Art
Fund ; Marat Guelman Gallery, Moscou ;
galerie Stanislas Bourgain, Paris ;
Alexander Smuzikov ; Nadia Totskaya,
Regina Gallery, Londres et Moscou ;
galerie Anne de Villepoix, Paris.

Nous adressons nos remerciements
les plus précieux aux artistes,
à Stella Kesaeva, Nicolas Molok
et Alexander Ritov, Nicolas Chibaeff
et Irina Gorlova.

Nous tenons également à remercier
toutes celles et ceux qui ont contribué
à la réussite de ce projet :
Daria Babitch, Jean-Marie Baldner,
Pierre Bonnaure, Camille Bouvet,
Héloïse Cullet-Quéré, Mathieu Decraene,
Ludovic Delalande, Anne Duruflé,
André Erofiev, Christine Finance,
Guillaume Fonkenell, Thierry Gontran,
Cyrille Gouyette, Blanche Grinbaum-
Salgas, Loïc Hoquet, Steeve Laaland,
Pauline Lemaire, Brice Mathieu,
Silvia Pillon, Gérard Parus, Laurence
Roussel, Benoît de Saint-Chamas,
Elizaveta Sergeeva, Igor Sogolorsky,

Xavier Testot, Maria Udovydchenko,
Diane Beal et Vincent Sator, Dorian
Dogaru et Antoine Laurent, Alexia Fabre
et Valérie Labayle, Lorenzo Fiaschi
et Mylène Ferrand, Anja Luneva,
Jill Silverman, Vladislav Lapchin et
l'équipe de Perm, Alexander Koloskov,
l'atelier de menuiserie ébénisterie, l'atelier
de peinture décoration, l'atelier de
montage dessins, l'atelier de montage
objets d'art, l'atelier de métallerie,
l'atelier de support muséographique,
Dimitri Devaux et l'équipe de Fontelec,
et l'atelier d'éclairage.

COPYRIGHTS

© ADAGP pour les membres qu'elle représente, 2010
© musée du Louvre, 2010

CRÉDITS PHOTOGRAPHIQUES

© ADAGP, Paris 2010, pour les œuvres de ses membres.

P. 2 à 13 © Photo Nicolas Dhervillers ■ P. 21© Igor
Makarevich and Elena Elagina ; courtesy of Galerie Blue
Square, Paris ■ P.22-23 © Photo Nicolas Dhervillers ■
P.25 © AES+F Courtesy Triumph Gallery, Moscow ;
© ADAGP, Paris 2010 ■ P.27 © Photo Nicolas Dhervillers
■ P.29 Courtesy artist and PERMM Museum of
Contemporary Art ■ P.31-33 Photo Jean-Alex Brunelle ;
© ADAGP, Paris 2010 ■ P.35 © Photo Nicolas
Dhervillers ; © Alexander Brodsky ■ P.37 Courtesy of
Olga Chernysheva and Galerie Volker Diehl, Berlin ;
© Olga Chernysheva ■ P.39 Courtesy Dubossarsky &
Vinogradov ■ P.41 © Dmitry Gutov ; © Brigeman Art
Library ■ P.43-45 © Photo Nicolas Dhervillers ; © Alexey
Kallima ■ P.47 © Vitaly Komar & Alexander Melamid ■
P.51 © Photo Nicolas Dhervillers ; © Valery Koshlyakov
■ P.53 © Valery Koshlyakov ■ P.55 © Photo Nicolas
Dhervillers ■ P.57 Courtesy Galerie Stanislas Bourgain
■ P.59-61 © Igor Makarevich and Elena Elagina ;
courtesy Galerie Blue Square, Paris ■ P.63 © Andrei
Monastyrsky ■ P.65-67 Courtesy Regina Gallery,
London & Moscow ■ P.69 © Avdei Ter-Oganyan ■ P.71
© Vadim Zakharov ■ P.81 © Nicolas Dhervillers.

© TTM ÉDITIONS, Paris, 2010

ISBN musée du Louvre : 978-2-35031-310-8
ISBN TTM ÉDITIONS : 978-2-84278-793-6

DÉPÔT LÉGAL : 4ᵉ trimestre 2010

PHOTOGRAVURE, Litho Art New, Turin.
Impression : Clerc, Saint-Amand-Montrond
Imprimé en France

En application de la loi du 11 mars 1957 (art. 41)
et du Code de la propriété intellectuelle du 1ᵉʳ juillet
1992, toute reproduction partielle ou totale à usage
collectif de la présente publication est strictement
interdite sans autorisation expresse de l'éditeur.

Il est rappelé à cet égard que l'usage abusif et collectif
de la photocopie met en danger l'équilibre économique
des circuits du livre.

www.louvre.fr